AF283632

Prevención de riesgos, seguridad laboral y medioambiental en la instalación de aparatos y tuberías

Inmaculada Paulete Jiménez

ic editorial

Prevención de riesgos, seguridad laboral y medioambiental en la instalación de aparatos y tuberías
© Inmaculada Paulete Jiménez

1ª Edición

© IC Editorial, 2025

Editado por: IC Editorial
c/ Cueva de Viera, 2, Local 3
Centro Negocios CADI
29200 Antequera (Málaga)
Teléfono: 952 70 60 04
Fax: 952 84 55 03
Correo electrónico: iceditorial@iceditorial.com
Internet: www.iceditorial.com

ISBN: 979-13-7027-040-7
Depósito Legal: MA 1435-2025

Impresión: PODiPrint
Impreso en Andalucía – España

Nota de la editorial: IC Editorial pertenece a Innovación y Cualificación S. L.

Presentación del manual

El **Certificado de Profesionalidad** es el instrumento de acreditación, en el ámbito de la Administración laboral, de las cualificaciones profesionales del Catálogo Nacional de Cualificaciones Profesionales adquiridas a través de procesos formativos o del proceso de reconocimiento de la experiencia laboral y de vías no formales de formación.

El elemento mínimo acreditable es la **Unidad de Competencia**. La suma de las acreditaciones de las unidades de competencia conforma la acreditación de la competencia general.

Una **Unidad de Competencia** se define como una agrupación de tareas productivas específica que realiza el profesional. Las diferentes unidades de competencia de un certificado de profesionalidad conforman la **Competencia General**, definiendo el conjunto de conocimientos y capacidades que permiten el ejercicio de una actividad profesional determinada.

Cada **Unidad de Competencia** lleva asociado un **Módulo Formativo**, donde se describe la formación necesaria para adquirir esa **Unidad de Competencia**, pudiendo dividirse en **Unidades Formativas**.

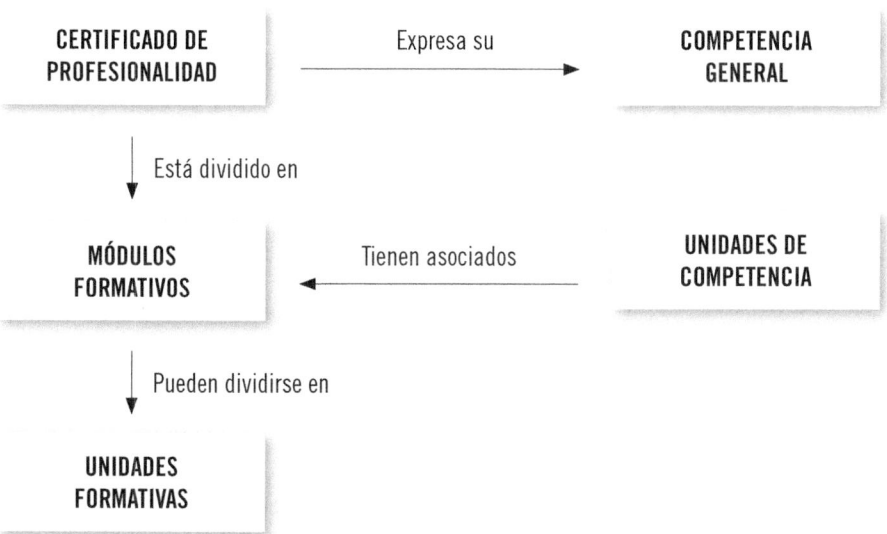

El presente manual desarrolla la Unidad Formativa, **UF0410: Prevención de riesgos, seguridad laboral y medioambiental en la instalación de aparatos y tuberías,**

perteneciente a los Módulos Formativos:

- **MF1154_1:** Instalación de tuberías
- **MF1155_1:** Instalación y mantenimiento de sanitarios y elementos de climatización

asociado a las unidades de competencia:

- **UC1154_1:** Realizar la instalación de tuberías, preparando, cortando y uniendo tubos para la conducción de fluidos de agua y desagües
- **UC1155_1:** Realizar operaciones básicas de instalación y mantenimiento de aparatos sanitarios, radiadores y aparatos de climatización de uso doméstico

del Certificado de Profesionalidad, **Operaciones de fontanería y calefacción - climatización doméstica.**

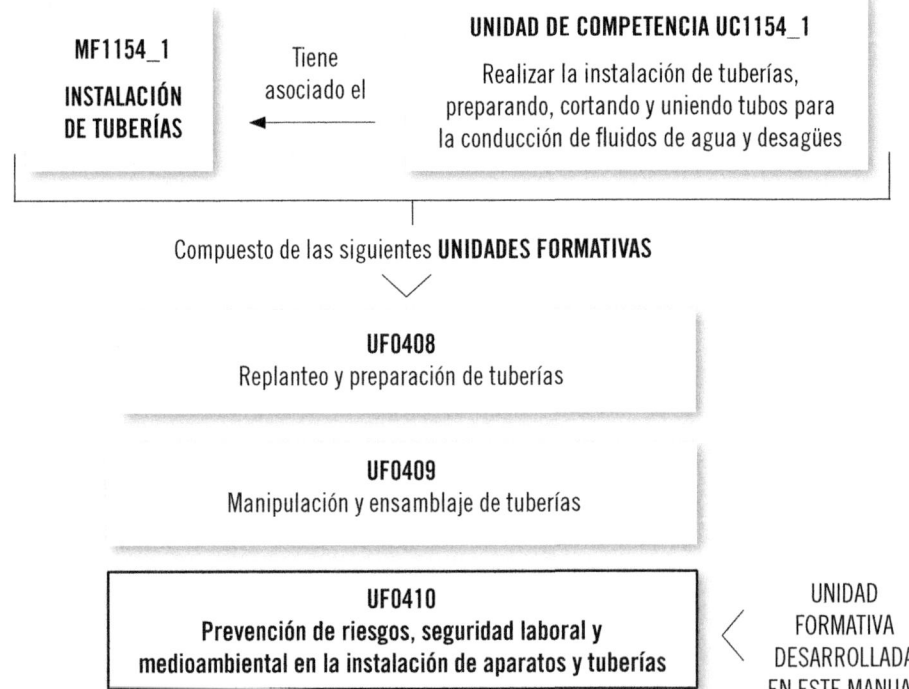

MF1154_1

INSTALACIÓN DE TUBERÍAS

Tiene asociado el

UNIDAD DE COMPETENCIA UC1154_1

Realizar la instalación de tuberías, preparando, cortando y uniendo tubos para la conducción de fluidos de agua y desagües

Compuesto de las siguientes **UNIDADES FORMATIVAS**

UF0408
Replanteo y preparación de tuberías

UF0409
Manipulación y ensamblaje de tuberías

UF0410
Prevención de riesgos, seguridad laboral y medioambiental en la instalación de aparatos y tuberías

UNIDAD FORMATIVA DESARROLLADA EN ESTE MANUAL

**UNIDAD DE COMPETENCIA
UC1155_1**

MF1155_1

**INSTALACIÓN Y MANTENIMIENTO
DE SANITARIOS Y ELEMENTOS
DE CLIMATIZACIÓN**

Tiene
asociado el

Realizar operaciones básicas de
instalación y mantenimiento de
aparatos sanitarios, radiadores
y aparatos de climatización
de uso doméstico

Compuesto de las siguientes
UNIDADES FORMATIVAS

UF0411
Instalación y mantenimiento de aparatos
sanitarios de uso doméstico

UF0412
Instalación y puesta en marcha de aparatos de
calefacción y climatización de uso doméstico

UF0410
**Prevención de riesgos, seguridad laboral y
medioambiental en la instalación
de aparatos y tuberías**

UNIDAD
FORMATIVA
DESARROLLADA
EN ESTE MANUAL

FICHA DE CERTIFICADO DE PROFESIONALIDAD

(IMAI0108) OPERACIONES DE FONTANERÍA Y CALEFACCIÓN-CLIMATIZACIÓN DOMÉSTICA (13/11/2008)

COMPETENCIA GENERAL: Realizar la instalación de tuberías, preparando, cortando y uniendo tubos de diferentes tipos de materiales según el tipo de instalación, y montar y/o desmontar aparatos sanitarios, radiadores y aparatos de climatización de uso doméstico, con las condiciones ad ecuadas de calidad y seguridad, de acuerdo a las normas establecidas.

Cualificación profesional de referencia	Unidades de competencia		Ocupaciones o puestos de trabajo relacionados:
IMA367_1 OPERACIONES DE FONTANERÍA CALEFACCIÓN-CLIMATIZACIÓN DOMÉSTICA (RD 182/2008 de 8 de febrero)	UC1154_1:	Realizar la instalación de tuberías, preparando, cortando y uniendo tubos para la conducción de fluidos de agua y desagües	• 7220.001.4 Fontanero instalador-mantenedor • 7220.003.6 instalador de tubería en general • Mantenedor de calefacción • Mantenedor de climatización • Instalador mantenedor de redes de riego y fuentes decorativas • Instalador mantenedor de redes contra incendios
	UC1155_1:	Realizar operaciones básicas de instalación y mantenimiento de aparatos sanitarios, radiadores y aparatos de climatización de uso doméstico	

Correspondencia con el Catálogo Modular de Formación Profesional

Módulos certificado	Unidades formativas	Horas U.F.
MF1154_1 Instalación de tuberías	UF0408: Replanteo y preparación de tuberías	50
	UF0409: Manipulación y ensamblaje de tuberías	90
	UF0410: Prevención de riesgos, seguridad laboral y medioambiental en la instalación de aparatos y tuberías	30
MF1155_1 Instalación y mantenimiento de sanitarios y elementos de climatización	UF0411: Instalación y mantenimiento de aparatos sanitarios de uso doméstico	60
	UF0412: Instalación y puesta en marcha de aparatos de calefacción y climatización de uso doméstico	90
	UF0410: Prevención de riesgos, seguridad laboral y medioambiental en la instalación de aparatos y tuberías	30
MP0090: Módulo de prácticas profesionales no laborales		160

Índice

Capítulo 3
Sensibilización medioambiental

Capítulo 1

Normativa específica de aplicación en las instalaciones y de Prevención de riesgos laborales

Contenido

1. Introducción

En la instalación de aparatos y tuberías, la seguridad y la prevención de riesgos laborales son cruciales para proteger tanto a los trabajadores como las infraestructuras, evitando posibles daños sobre la salud de las personas y costes derivados de daños materiales y sanciones legales.

Hay que tener en cuenta que la seguridad en las instalaciones va más allá de la prevención de accidentes; también abarca el correcto cumplimiento de normativas específicas, tales como el Código Técnico de la Edificación o el Reglamento de Instalaciones Térmicas en los Edificios (RITE), que permiten garantizar estructuras seguras y funcionales. Estas normativas no solo aseguran que cualquier edificación cumpla con los estándares más exigentes en cuanto a seguridad se refiere, sino que además establecen criterios técnicos que promueven la eficiencia energética y la sostenibilidad.

La normativa de prevención de riesgos laborales y aquella específica de aplicación a este tipo de instalaciones aportan un marco esencial que servirá de guía para que los profesionales puedan desarrollar prácticas seguras y eficientes. Este capítulo no solo proporcionará el conocimiento necesario para cumplir con las disposiciones legales vigentes, sino que también inspirará a los profesionales a implementar y promover una cultura de seguridad en sus tareas cotidianas.

2. Ley de prevención de riesgos laborales

La Ley de Prevención de Riesgos Laborales (LPRL) en España establece un marco jurídico destinado a asegurar la protección de la seguridad y la salud de los trabajadores en el entorno laboral. Vigente desde el año 1995, esta ley tiene por objeto prevenir accidentes y enfermedades laborales a través de un conjunto de medidas proactivas que implican a empresarios y trabajadores en un esfuerzo conjunto hacia la mejora continua de las condiciones laborales.

2.1. Marco normativo y ámbito de aplicación

La LPRL se fundamenta en el artículo 40.2 de la Constitución española, que establece el deber del Estado de velar por la seguridad e higiene en el trabajo. Además, incorpora las normativas de la Unión Europea, armonizando los criterios de seguridad e integrando las directrices comunitarias en materia de prevención de riesgos laborales.

Esta ley es de aplicación obligatoria en todos los sectores de actividad económica, tanto públicos como privados, cubriendo a empleados por cuenta ajena, trabajadores autónomos, cooperativas y cualquier persona que realice un trabajo de forma profesional. Donde no será de aplicación será en aquellas actividades cuyas particularidades lo impidan en el ámbito de las funciones públicas de los cuerpos de seguridad (Policía, Fuerzas Armadas, etc.).

La prevención de riesgos laborales debe integrarse en todos los niveles de la empresa, desde la planificación hasta la ejecución diaria de actividades, garantizando que todos los procesos y operaciones, como la instalación de aparatos y tuberías, se realicen con una mentalidad preventiva. En este punto hay que hacer referencia a la formación e información de los trabajadores, ya que son clave para desarrollar una verdadera cultura preventiva. Es por ello que todo trabajador debe estar informado sobre los riesgos asociados a su labor y recibir la formación necesaria para desempeñarla de manera segura.

2.2. Principios de la acción preventiva

La LPRL se articula en torno a una serie de principios básicos que deben guiar la acción preventiva en las empresas:

a. **Evitar los riesgos:** siempre que sea posible, se deberá evitar el riesgo existente mediante la eliminación o sustitución de equipos, productos, procesos y procedimientos peligrosos o implementando cambios en el diseño del lugar de trabajo.

b. **Evaluar los riesgos que no se puedan evitar:** cuando no es posible eliminar el riesgo, deben implementarse medidas para minimizarlo tanto como sea razonablemente posible. Para ello, se debe llevar a cabo una evaluación de riesgos, a través de la cual se identifican posibles peligros en el ambiente de trabajo y se analizan los riesgos asociados a cada uno de ellos. La evaluación debe ser sistemática y estar orientada a priorizar las medidas preventivas.

c. **Combatir los riesgos en su origen:** las medidas preventivas que se pongan en marcha deben actuar sobre la fuente que genera el riesgo.

d. **Adaptar el trabajo a la persona:** mediante el ajuste del trabajo a las capacidades físicas y mentales del trabajador se busca reducir el impacto del mismo en la salud. Incluye desde la adecuación ergonómica de las herramientas y los equipos hasta la organización de horarios para evitar la fatiga física y mental o el estrés laboral.

e. **Tener en cuenta la evolución de la técnica:** las empresas deben adaptar las medidas de prevención a los nuevos avances tecnológicos para ofrecer el máximo nivel de seguridad. Algunos ejemplos podrían ser la implementación de dispositivos de seguridad avanzados o la automatización de tareas peligrosas.

f. **Sustituir lo peligroso por lo que entrañe poco o ningún peligro:** el objetivo es eliminar o reducir los riesgos laborales a través de la sustitución de los procesos, materiales o procedimientos peligrosos por otros que sean más seguros.

g. **Planificar la prevención:** la planificación permitirá gestionar la prevención de manera sistemática y organizada, integrando la seguridad y la salud en todos los niveles de la empresa.

h. **Adoptar medidas que antepongan la protección colectiva a la individual:** la seguridad en el trabajo no debe depender únicamente de que el trabajador haga uso de protecciones individuales, sino que tendrá más garantías si se implementan medidas que protejan simultáneamente a todos los trabajadores en el lugar de trabajo mediante protecciones colectivas.

i. **Dar las debidas instrucciones a los trabajadores:** los trabajadores deben saber cómo desarrollar su actividad de forma segura y para ello deben recibir la información y formación adecuada por parte de la empresa.

La planificación constituye la herramienta necesaria para integrar la prevención de riesgos laborales en todos los niveles de la empresa.

2.3. La gestión de la prevención en la empresa

A la hora de implantar la gestión de la prevención en la empresa, debe existir un compromiso por parte de la dirección para fomentar una cultura preventiva que abarque todas las actividades, desde la planificación hasta la ejecución de tareas. La LPRL establece una serie de modalidades que podrá adoptar la empresa para la gestión de la prevención en función de su tamaño y el tipo de actividad llevada a cabo, las cuales se detallan a continuación:

- **Asunción por el empresario.** El empresario puede asumir la gestión de la prevención en empresas de hasta 10 trabajadores o hasta 25 trabajadores en un único centro de trabajo y con riesgos mínimos (actividad no incluida en el anexo I del Reglamento de Servicios de Prevención). Para ello, deberá contar con una formación mínima.
- **Designación de trabajadores.** El empresario puede designar a trabajadores de su empresa con formación en la materia para que estos lleven a cabo la gestión de la prevención.
- **Constitución de un servicio de prevención propio.** La empresa puede constituir un servicio de prevención propio, con personal y medios dedicados exclusivamente a tal fin. Dicho servicio es obligatorio para empresas con más de 500 trabajadores o para aquellas con más de 250 trabajadores que lleven a cabo actividades especialmente peligrosas.

■ **Contratación de un servicio de prevención ajeno.** La gestión de la prevención puede ser contratada con entidades externas especializadas, como son los servicios de prevención ajenos (SPA). Estas entidades deben estar acreditadas por la autoridad laboral competente en cada comunidad autónoma.

 Actividades

1. Identifique en cada uno de los casos siguientes, teniendo en cuenta el tipo de actividad y el tamaño de la empresa, la modalidad preventiva que podrá asumirse en cada caso:

   a. Panadería y pastelería artesanal con 7 trabajadores
   b. Despacho de abogados con 15 trabajadores
   c. Cadena de supermercados con 620 trabajadores
   d. Empresa dedicada a la venta de explosivos con 270 trabajadores
   e. Empresa dedicada a la formación con 340 trabajadores

Evaluación de riesgos

El primer paso a la hora de implantar la gestión de la prevención es la realización de una evaluación de riesgos, al objeto de identificar los peligros y valorar los riesgos asociados a cada puesto de trabajo. Esta evaluación debe quedar registrada documentalmente y debe revisarse periódicamente y en cualquier caso cuando se produzcan cambios en las condiciones de trabajo. Los riesgos identificados se ponderarán en función de aspectos como la severidad del daño, la probabilidad de ocurrencia o el número de personas a las que puede afectar y, en base a los resultados obtenidos, se establecerán las medidas preventivas a implantar.

Plan de prevención de riesgos laborales

El plan de prevención de riesgos laborales es el documento central que recoge la planificación de la actividad preventiva de una empresa. Este plan debe estar integrado en el sistema de gestión de la empresa y recoger aspectos como la política de prevención, la estructura organizativa, el personal asignado a tareas preventivas y los procedimientos de evaluación, control y seguimiento de las medidas preventivas.

Gestión de emergencias

La correcta gestión de situaciones de emergencia es crucial para minimizar los daños a personas e instalaciones. La ley establece la necesidad de planificar medidas de emergencia, incluyendo las acciones a desarrollar, los medios necesarios, la capacitación del personal implicado y las revisiones periódicas de estos planes. En el caso de instalaciones complejas, como las de aparatos y tuberías, estos planes deben implicar simulacros para asegurar que, en caso de emergencia, el personal esté preparado para actuar de manera eficaz.

 Actividades

2. Realice una búsqueda e investigue sobre la señal mostrada, respondiendo posteriormente a las siguientes preguntas:

    a. ¿Cree que es importante conocer esta señal? ¿Por qué?
    b. ¿Qué características comunes tienen todas las señales de salvamento o socorro?

Derechos y deberes de los trabajadores y empresarios

La LPRL define de forma clara los derechos y deberes de los trabajadores y empresarios. Por un lado, los trabajadores tienen el derecho a recibir una protección eficaz, participar en las cuestiones relacionadas con la prevención y ser informados y formados acerca de los riesgos. Por otro lado, están obligados a seguir las instrucciones de seguridad proporcionadas y usar correctamente los medios de protección.

En cuanto a los empresarios, estos tienen la obligación de garantizar la seguridad y la salud de sus trabajadores. Esto implica la ejecución de un plan de prevención, proporcionar formación adecuada, implementar medidas de emergencia y facilitar los medios de protección necesarios, entre otros. Además, deben asegurar que se dispone de canales de comunicación adecuados para tratar temas referentes a la prevención de riesgos con los trabajadores y/o sus representantes.

Acciones específicas en el sector de instalaciones

Dentro del marco de la LPRL existen reglamentos específicos que complementan las disposiciones generales, adecuándose a las exigencias particulares de cada sector. En el ámbito de la instalación de aparatos y tuberías, se deben considerar riesgos como la manipulación y transporte de cargas pesadas, los trabajos en altura, la presencia de espacios confinados y las particularidades de los materiales utilizados. Las acciones preventivas incluyen desde el uso de equipos de protección individual específicos hasta la implementación de procedimientos de trabajo que minimicen el riesgo.

3. Derechos y obligaciones del trabajador

La prevención de riesgos laborales es una responsabilidad compartida tanto por empleadores como por trabajadores. El respeto y cumplimiento de los derechos y obligaciones por parte de los trabajadores es fundamental para garantizar un entorno de trabajo seguro y saludable. Este apartado ahonda en los derechos y obligaciones del trabajador en el contexto de la instalación de aparatos y tuberías, teniendo en cuenta la normativa específica aplicable:

■ **Derechos del trabajador:**

▮ **Derecho a un entorno de trabajo seguro.** Los trabajadores tienen derecho fundamental a realizar sus funciones en un entorno libre de riesgos para su salud y seguridad. Esto incluye la obligación del empleador de eliminar o minimizar los riesgos identificados en el lugar de trabajo mediante planes de prevención adecuados.

▮ **Derecho a ser informado.** Los trabajadores deben recibir información clara, comprensible y adecuada sobre los riesgos presentes en su puesto de trabajo, así como sobre las medidas de protección y prevención adoptadas. Esta información debe ser fácilmente accesible y actualizada conforme a las evaluaciones continuas de riesgo.

▮ **Derecho a la formación.** Además de información, los trabajadores tienen derecho a recibir formación teórica y práctica necesaria relacionada con la prevención de riesgos laborales. La formación debe ser efectiva y repetida periódicamente para garantizar que los trabajadores estén al tanto de nuevas tecnologías, procedimientos o cambios en las condiciones de trabajo.

▮ **Derecho a la vigilancia de su salud.** El seguimiento de la salud física y mental de los trabajadores es un derecho primordial. Esto implica exámenes médicos periódicos o específicos en función de los riesgos identificados en sus puestos, protegiendo la privacidad y confidencialidad de sus datos de salud.

▮ **Derecho a la participación.** Los trabajadores tienen derecho a participar activamente en la elaboración, aplicación y evaluación de las medidas preventivas. A través de representantes de los trabajadores o directamente, su opinión debe ser considerada en la toma de decisiones relacionadas con la salud y la seguridad laboral.

▮ **Derecho a la consulta y representación.** Deberán ser consultados y representados en cuestiones que afecten directamente a su seguridad y salud. La normativa ampara la formación de comités de seguridad y salud en los cuales los trabajadores puedan estar incluidos para expresar preocupaciones y sugerencias.

▮ **Derecho a interrumpir su actividad.** En situaciones donde exista un riesgo grave para su vida o su salud, los trabajadores tienen el derecho de interrumpir su actividad y abandonar el lugar de trabajo, notificando este comportamiento a su supervisor inmediato, sin enfrentar represalias.

■ **Obligaciones del trabajador:**

▮ **Uso adecuado de medios.** Los trabajadores deben usar adecuadamente los medios con los que desarrollan su actividad (máquinas, aparatos, herramientas, sustancias peligrosas, etc.), así como los medios y equipos de protección, teniendo en cuenta que nunca se deberán poner fuera de funcionamiento los dispositivos de seguridad. Además, deben mantener sus áreas de trabajo limpias y seguras.

▮ **Información de situaciones de riesgo.** Los trabajadores están obligados a notificar inmediatamente a sus superiores o al departamento de prevención de riesgos cualquier situación que pueda suponer un riesgo para su seguridad o la de sus compañeros, garantizando así una respuesta oportuna para su corrección.

▮ **Colaboración y cooperación.** Es fundamental que los trabajadores colaboren con la empresa en la mejora continua de la seguridad, asistiendo a inspecciones o investigaciones de accidentes cuando sea necesario.

La formación en prevención es un derecho de los trabajadores y constituye un factor fundamental para la correcta gestión de la prevención en la empresa.

Aplicación práctica

Juan lleva un par de semanas trabajando como mozo en un almacén de materiales de construcción. Es la primera vez que realiza una actividad de este tipo, por lo que no posee ninguna formación al respecto. La semana pasada tuvo que descargar camiones, transportando a mano cajas pesadas, por lo que al final de cada jornada volvía a casa agotado y con un fuerte dolor en la zona lumbar.

Esta mañana, siguiendo las indicaciones del encargado, tuvo que subirse a un palé colocado sobre una carretilla elevadora para alcanzar productos almacenados en los estantes más altos. Pasó mucho miedo al pensar que, si se caía, podría hacerse mucho daño, pero no se atrevió a decir nada por miedo a que le despidieran.

Según las situaciones descritas en el texto, ¿qué derechos del trabajador se están vulnerando en este caso?

SOLUCIÓN

I **Derecho a recibir información y formación en materia de PRL.** El trabajador no ha recibido ningún tipo de información ni formación respecto a los riesgos y las medidas preventivas a aplicar en su puesto. Como consecuencia, está sufriendo daños en su salud por una inadecuada manipulación manual de cargas.

I **Derecho a interrumpir su actividad.** La elevación de personas sobre un palé en una carretilla elevadora está terminantemente prohibida, ya que entraña un riesgo grave para la vida o la salud del trabajador. En este caso, Juan podría haber ejercido su derecho de interrumpir su actividad y negarse a llevar a cabo la operación indicada sin enfrentar represalias.

I **Derecho a un entorno de trabajo seguro.** Al no disponer de medios adecuados para el acceso del personal a los estantes más altos en condiciones de seguridad, se están llevando a cabo prácticas peligrosas que implican un riesgo grave de caídas desde altura.

4. Entidades de prevención de riesgos

En el contexto de la prevención de riesgos laborales, las entidades de prevención de riesgos juegan un papel crucial en la creación y mantenimiento de un ambiente de trabajo seguro y saludable. Estas entidades, tanto públicas como privadas, van a tener diversos fines, como la regulación y control, el asesoramiento, la formación, etc. Es por ello que la comprensión de su papel y funcionamiento es una cuestión de interés para todos los participantes en el ámbito laboral, desde empleadores hasta empleados y profesionales de la prevención.

A continuación, se detallan las entidades de prevención de riesgos más significativas, tanto de ámbito público como privado.

4.1. Entidades de carácter público

Las entidades de carácter público en materia de PRL tienen, entre otros fines, la asistencia técnica para la elaboración de normativa, la formación, la inspección y el control. A continuación, se detallan algunas de las entidades públicas de mayor relevancia a nivel nacional:

- **Instituto Nacional de Seguridad y Salud en el Trabajo (INSST).** El INSST, organismo autónomo del Gobierno, es el órgano científico técnico especializado en seguridad laboral y salud en el trabajo. Su misión es analizar, estudiar y asesorar sobre normas de prevención de riesgos laborales. Esta entidad colabora, además, con otros organismos internacionales, generando estudios y estadísticas que mejoran la comprensión del entorno laboral y sus riesgos.
- **Inspección de Trabajo y Seguridad Social (ITSS).** Esta es la autoridad encargada de vigilar y exigir el cumplimiento de la normativa laboral y de prevención de riesgos laborales. Es, por tanto, el organismo con potestad para imponer sanciones por incumplimiento de las leyes de prevención de riesgos laborales, para lo que podrá realizar inspecciones aleatorias en las empresas al objeto de realizar las comprobaciones oportunas.

? **Sabía que...**

La inspección de accidentes se lleva a cabo en cada comunidad autónoma a través de la Dirección Territorial de la Inspección de Trabajo y Seguridad Social (ITSS), que se gestiona

Continúa en página siguiente >>

<< Viene de página anterior

desde la administración estatal. No obstante, en Cataluña y el País Vasco, donde las competencias de ejecución han sido transferidas, la gestión de la inspección de trabajo es autonómica, aunque sigue formando parte del sistema estatal de la ITSS.

4.2. Entidades de carácter privado

A nivel privado, hay entidades que prestan servicios a las empresas en materia de prevención de riesgos laborales a distintos niveles, entre los que destacan los que se detallan a continuación:

- **Mutuas colaboradoras con la Seguridad Social.** Aunque son entidades privadas sin ánimo de lucro, las mutuas colaboran con el sistema de la Seguridad Social en la gestión de las prestaciones asociadas a contingencias profesionales, la incapacidad temporal o el cese de actividad de los trabajadores autónomos, entre otras cuestiones. Además de estas funciones, también desarrollan otras, como el asesoramiento a las empresas en prevención de accidentes y enfermedades laborales o la puesta en marcha de actividades dirigidas a sensibilizar o formar al personal en materia PRL.
- **Servicios de prevención ajenos.** Son entidades privadas acreditadas para ofrecer servicios de prevención a otras empresas. Sus funciones incluyen la evaluación de riesgos laborales, la gestión de actividades preventivas y la impartición de formación y sensibilización para los trabajadores en materia de PRL.
- **Asociaciones profesionales.** Existen diversas asociaciones profesionales que tienen entre sus fines la promoción y mejora de las condiciones de seguridad y salud en sus respectivos sectores. Estas entidades no solo ofrecen formación y recursos, sino que también actúan como plataformas para el intercambio de buenas prácticas laborales. Entre las asociaciones más significativas en el ámbito de la instalación de aparatos y tuberías cabe destacar la Fundación Laboral del Metal y la Fundación Laboral de la Construcción.

■ **Consultorías técnicas.** Las consultorías técnicas ofrecen un enfoque a medida en la gestión de la prevención en la empresa, ayudando a las mismas a implementar sistemas de gestión de la prevención ajustados a las necesidades operativas particulares de cada negocio.

5. Documentación de prevención de riesgos: NTP

Las Notas Técnicas de Prevención (NTP) son documentos de gran utilidad en el ámbito de la seguridad y salud laboral, y desempeñan un papel fundamental en la promoción de ambientes de trabajo más seguros. El conocimiento y comprensión de estos documentos facilitará su aplicación, proporcionando una herramienta útil en la implantación de la prevención de riesgos laborales en la instalación de aparatos y tuberías.

5.1. ¿Qué son las NTP?

Las Notas Técnicas de Prevención son guías técnicas editadas por el Instituto Nacional de Seguridad y Salud en el Trabajo (INSST) y constituyen una herramienta técnica de consulta que facilita el desarrollo de buenas prácticas y el cumplimiento de la normativa vigente. Estas notas proporcionan información clave sobre diversos aspectos relacionados con la prevención de riesgos laborales, abarcando un amplio espectro de temas: desde aspectos técnicos específicos hasta conceptos más generales de gestión y organización de la prevención.

En cualquier caso, hay que tener en cuenta que las indicaciones contenidas en las NTP no son de obligado cumplimiento, salvo en aquellos aspectos recogidos en las mismas que deriven directamente de una normativa vigente. Además, a la hora de valorar sus recomendaciones habrá que atender a la fecha de edición, ya que en algunos casos las indicaciones contenidas podrían haber quedado obsoletas.

Sabía que...

Las NTP más antiguas se editaron en el año 1982. Algunas de ellas han sido actualizadas a través de NTP más recientes.

5.2. Estructura y contenido de las NTP

Las NTP no poseen una estructura definida, aunque sí incluyen en todos los casos información referente al año de edición, al autor y redactor/es y a la bibliografía. En cuanto a su denominación, se componen de las siglas NTP seguidas de un código numérico y un título descriptivo sobre la temática desarrollada en ellas.

En cuanto a su contenido, además del texto en el que se detallan las indicaciones técnicas y las referencias a la normativa de aplicación, se suelen incorporar en muchos casos elementos ilustrativos como imágenes, tablas y gráficos.

Para saber más

En el siguiente enlace puede acceder a todas las NTP editadas por el Instituto Nacional de Seguridad y Salud en el Trabajo. Se pueden realizar búsquedas por texto, códigos, términos, serie, etc., o establecer filtros por año y materia.

https://redirectoronline.com/uf04100101

5.3. Aplicación práctica de las NTP en el contexto de las instalaciones de aparatos y tuberías

Para que las NTP sean verdaderamente efectivas en la prevención de riesgos, es crucial la planificación y aplicación sistemática de las indicaciones proporcionadas en las mismas. Al tener estos documentos un marcado carácter técnico, las personas responsables de la prevención en la empresa serán las encargadas de llevar a cabo su análisis e interpretación. Las recomendaciones recogidas en las mismas que se consideren pertinentes serán incorporadas en los correspondientes manuales y protocolos de seguridad para su aplicación práctica por el parte del personal encargado de realizar los trabajos.

Entre las NTP aplicables en el contexto de las instalaciones de aparatos y tuberías, destacan las que se enumeran a continuación:

- *NTP 748: selección y uso de EPI*
- *NTP 495: soldadura oxiacetilénica y oxicorte: normas de seguridad*
- *NTP 471: herramientas manuales y portátiles*
- *NTP 198: gases comprimidos: identificación de botellas*
- *NTP 399: seguridad en trabajos eléctricos*
- *NTP 615: escaleras manuales: selección y utilización*
- *NTP 248: prevención de caídas de altura*
- *NTP 223: trabajos en espacios confinados*

Los trabajos de soldadura son habituales en la instalación de aparatos y tuberías y tienen asociados múltiples riesgos laborales.

Actividades

3. A través de una búsqueda en internet, consulte la *NTP 495: soldadura oxiacetilénica y oxicorte: normas de seguridad* e identifique las malas prácticas que ha llevado a cabo Julia en la realización de los trabajos.
   ¿Qué riesgos piensa que pueden generarse como consecuencia de las malas prácticas aplicadas?

5.4. Integración de las NTP en el Sistema de Prevención de Riesgos Laborales

Para optimizar la efectividad de las NTP, las buenas prácticas recogidas en las mismas deben integrarse en los procedimientos rutinarios según los riesgos identificados en cada caso. Esto requiere:

- **Evaluación periódica de los riesgos.** Es vital realizar evaluaciones regulares para identificar nuevos riesgos o modificaciones en los existentes, asegurando que las NTP aplicadas sigan siendo pertinentes.
- **Actualización continua de la documentación.** Basándose en las últimas NTP publicadas, la documentación interna debe ser actualizada, reflejando los métodos de trabajo más seguros y eficientes.
- **Formación continua.** Los trabajadores deben recibir capacitación periódica basada en los contenidos de las NTP para garantizar que estén informados sobre las mejores prácticas de seguridad.
- **Comprobación del grado de cumplimiento.** Las personas responsables en materia de prevención deberán supervisar periódicamente las tareas desarrolladas por el personal que lleva a cabo la instalación de aparatos y tuberías para asegurar que las medidas preventivas basadas en las NTP se implementan adecuadamente.

6. Código Técnico de la Edificación como normativa de seguridad

El Código Técnico de la Edificación (CTE) es una pieza fundamental del marco normativo español que establece las exigencias básicas de calidad y seguridad en edificios y construcciones. Este código tiene como objetivo primordial proteger la seguridad y el bienestar tanto de las personas que habitan o utilizan los espacios construidos como de aquellos que los construyen, manteniendo un equilibrio con la sostenibilidad y eficiencia energética. Para todo profesional involucrado en la instalación de aparatos y tuberías, resulta esencial comprender el impacto y las implicaciones del CTE para asegurar el cumplimiento normativo y garantizar así la seguridad en sus actividades.

6.1. Introducción al Código Técnico de la Edificación

El CTE es una normativa amplia que afecta toda la vida de un edificio, desde su diseño hasta su utilización. Fue aprobado por el Real Decreto 314/2006, de 17 de marzo, y ha sufrido varias modificaciones para adaptarse a los avances tecnológicos, sociales y medioambientales. Su ámbito de aplicación abarca cualquier edificio en el territorio español, tanto en el ámbito residencial como no residencial.

El CTE es una herramienta que establece requisitos básicos divididos en distintas secciones documentales, conocidas como documentos básicos (DB). Estos documentos cubren diferentes áreas de la construcción, asegurando que los edificios se diseñen y construyan para ser seguros, funcionales y sostenibles.

6.2. Componentes del Código Técnico de la Edificación

Las exigencias básicas del CTE están divididas en diversas áreas, dando lugar a los correspondientes documentos básicos (DB), que se describen a continuación:

- **Documento básico de seguridad estructural (DB-SE):** garantiza que las estructuras puedan soportar las cargas previstas durante su vida útil.

Incluye aspectos como la estabilidad del edificio, la resistencia al fuego
de las estructuras y la protección frente a sismos.

- **Documento básico de seguridad en caso de incendio (DB-SI):** trata sobre
la protección de las vidas humanas y bienes frente al riesgo de incendios. Incluye la definición de las salidas de emergencia, la resistencia al
fuego de elementos constructivos, la compartimentación de incendios y
la instalación de sistemas de detección y alarma.

- **Documento básico de seguridad de utilización y accesibilidad (DB-SUA):**
asegura que los edificios sean funcionales y seguros para todas las personas, incluyendo aquellas con capacidades diversas. Incluye elementos
como la reducción de riesgos de caídas y el diseño de instalaciones
accesibles.

- **Documento básico de salubridad (DB-HS):** da pautas para garantizar
unas condiciones higiénicas y de salud en los edificios. Se centra en el
control de la calidad del aire interior, la gestión de aguas residuales y la
disposición de espacios para garantizar un entorno saludable.

- **Documento básico de protección frente al ruido (DB-HR):** establece límites máximos de ruido permitido en los entornos habitables para asegurar
que los espacios interiores sean cómodos y respondan a los estándares
de habitabilidad.

- **Documento básico de ahorro de energía (DB-HE):** promueve la eficiencia
energética y el uso racional de la energía. Incluye directrices para la
optimización del consumo energético, el uso de energías renovables y la
maximización del aislamiento térmico.

*En la instalación de tuberías habrá que atender a los requerimientos
establecidos en el Código Técnico de la Edificación para asegurar, entre otras
cosas, la salubridad en el suministro de agua potable y en la evacuación de
aguas residuales.*

6.3. Código técnico de la edificación y la seguridad laboral

El CTE, aunque focalizado en la seguridad estructural y funcional de los edificios, va a repercutir en la seguridad laboral tanto del personal que haga uso de las edificaciones como lugar de trabajo como de aquel personal que lleve a cabo labores de mantenimiento de las mismas.

La correcta implementación de estas normativas contribuye, durante la fase de utilización y mantenimiento de la edificación, a:

- **Minimizar el riesgo de accidentes laborales:** mediante la aplicación del CTE se asegura la adecuación de las zonas de trabajo, así como de sus accesos.
- **Reducir las enfermedades laborales:** al asegurar que las condiciones interiores de los edificios son aptas y seguras para su ocupación.

6.4. Ejemplos prácticos y aplicaciones en las Instalaciones

La aplicación práctica del CTE es extensa y variada. A continuación, se presentan ejemplos de cómo los principios que rige este Código impactan directamente en las actividades de instalación de aparatos y tuberías en edificios.

Ejemplo 1. Requisitos de las instalaciones de suministro de agua potable según el CTE

Durante la instalación de tuberías para el suministro de agua potable en un edificio, teniendo en cuenta lo recogido en el CTE, para asegurar la salubridad del agua habrá que comprobar, entre otras cuestiones, las siguientes:

- Que los materiales que se van a emplear son compatibles y seguros y no alterarán las propiedades organolépticas ni la salubridad del agua. Estos materiales deben ofrecer, además, protección contra la corrosión.
- Que se incorporan en distintos puntos de la instalación sistemas que impiden el retorno del agua para evitar la contaminación de la red de suministro.

 **Nota**

Las propiedades organolépticas del agua potable son aquellas que pueden percibirse a través de los sentidos, como el color, el olor, el sabor y la turbidez.

Ejemplo 2. Requisitos de las redes de saneamiento según el CTE

Durante la instalación de las tuberías que constituyen la red de saneamiento, teniendo en cuenta lo recogido en el CTE, para evitar la acumulación de aguas residuales y garantizar su correcta evacuación habrá que comprobar, entre otras cuestiones, las siguientes:

- Que los materiales que se van a emplear son resistentes y adecuados para su uso.
- Que las tuberías del sistema serán accesibles para su mantenimiento y reparación.
- Que las tuberías tendrán la ventilación adecuada para evitar problemas de olores y garantizar el correcto funcionamiento del sistema.

El uso de materiales inadecuados para la canalización de agua potable destinada a consumo humano puede dar lugar a la migración de contaminantes a la misma, produciendo daños sobre la salud de las personas.

 **Actividades**

4. Realice una investigación y determine cuáles de los siguientes materiales no se consideran aptos para la canalización de agua potable para consumo humano:

- Cobre
- Polipropileno
- Aluminio
- Polietileno
- Acero inoxidable
- Plomo

7. Reglamento de instalaciones térmicas en los edificios (RITE) como normativa de seguridad

El Reglamento de Instalaciones Térmicas en los Edificios (RITE) se presenta como una normativa de crucial relevancia en el ámbito de la seguridad en las instalaciones, especialmente en lo que concierne a la prevención de riesgos y la eficiencia energética. Este reglamento establece las exigencias mínimas de eficiencia energética y seguridad que deben cumplir las instalaciones térmicas en edificación, con el objetivo de asegurar un uso racional de la energía y procurar el bienestar y la seguridad de las personas. En este apartado, se desglosarán las principales características de esta normativa y su impacto en la seguridad de las instalaciones térmicas.

Introducción al RITE y su fundamentación legal

El RITE es un reglamento aprobado en España mediante el Real Decreto 1027/2007, de 20 de julio, que ha sido objeto de modificaciones a lo largo de los años para incorporar avances técnicos, lograr mejor aprovechamiento energético y adecuarse a normativas europeas. El objetivo principal del RITE es establecer las condiciones que deben cumplir las instalaciones térmicas en los edificios para obtener un uso eficiente y, con ello, reducir el consumo de energía, disminuyendo así el impacto ambiental negativo asociado a la explotación de los sistemas térmicos.

El RITE se basa en conceptos clave, como el ahorro de energía, el control de la demanda energética, la mejora del confort térmico y, principalmente, la seguridad en la instalación y funcionamiento de los sistemas térmicos. Su fundamentación legal se encuentra en el contexto europeo de mejora energética y reducción del impacto medioambiental, respondiendo a directivas de la Unión Europea que buscan el desarrollo sostenible.

Ámbito de aplicación del RITE

El RITE se aplica a toda instalación térmica destinada a satisfacer la demanda de bienestar térmico e higiene, a través de sistemas que involucren calefacción, climatización y producción de agua caliente sanitaria en nuevos edificios. También se contemplan intervenciones en instalaciones de edificios existentes que sufran modificaciones relevantes, tanto de ampliación como de renovación de sistemas.

Las instalaciones térmicas deben proyectarse, ejecutarse, mantenerse adecuadamente y estar bajo operación de profesionales competentes, siempre conforme a las normativas vigentes para asegurar la seguridad de los usuarios y las propiedades. La normativa se aplica tanto a edificios residenciales como comerciales e institucionales.

Exigencias técnicas de diseño y ejecución

Las exigencias técnicas del RITE en diseño y ejecución se centran en garantizar la seguridad durante la vida útil de las instalaciones y promover la eficiencia energética. Estas exigencias están cuidadosamente diseñadas para garantizar que las instalaciones ejecuten su función sin transgredir los criterios de seguridad, salud, bienestar y eficiencia.

A continuación, se detallan los requisitos técnicos establecidos por el RITE en relación al diseño y ejecución de las instalaciones térmicas en edificios:

- **Diseño:** el diseño de las instalaciones térmicas debe contemplar aspectos como la ubicación de equipos, el dimensionado correcto y el uso de materiales adecuados para evitar riesgos de incendio, fugas, y permitir el aislamiento correcto de los sistemas. Además, se busca maximizar la eficiencia energética mediante el uso de equipos homologados, el mínimo consumo necesario y el aprovechamiento de energías renovables cuando sea viable.
- **Ejecución:** durante la fase de ejecución del proyecto de instalación, todas las actividades deben respetar estrictos protocolos y procedimientos para garantizar tanto la calidad del trabajo como el cumplimiento de las normativas de seguridad. Esto incluye la correcta instalación de elementos de protección, la verificación periódica de los materiales usados y el seguimiento de regulaciones sobre montaje y pruebas de presión.

 Nota

Si a la hora de llevar a cabo la instalación de un sistema complejo de calefacción en un edificio de oficinas no se dispusiera de un reglamento claro y detallado como el RITE, el proceso podría estar plagado de errores que podrían derivar en fugas de gas, sobrecalentamientos o incendios, poniendo en peligro tanto a los trabajadores durante la instalación como a los futuros ocupantes del espacio.

Normativa de seguridad en el uso y mantenimiento

Un componente esencial del RITE es el mantenimiento, que asegura no solo la eficiencia continua de la instalación, sino su operación segura. El mantenimiento preventivo y regular es indispensable para detectar problemas que pudieran poner en peligro la seguridad de los usuarios o afectar la eficiencia energética de los sistemas.

Las indicaciones de mantenimiento incluyen procedimientos para la revisión de sistemas de ventilación, limpieza de conductos, calibración de sensores y termostatos y ensayos de fugas para garantizar condiciones operativas seguras. Asimismo, enfatiza el entrenamiento de personal, la creación de registros de mantenimiento y la definición de planes de acción para corrección de anomalías detectadas.

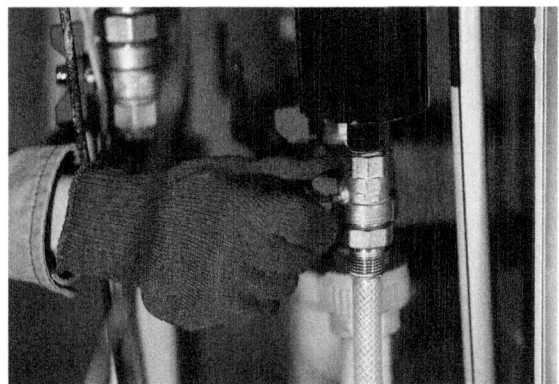

La revisión y mantenimiento de las instalaciones térmicas constituye un factor fundamental para asegurar el correcto funcionamiento de las mismas y evitar accidentes.

8. Normativas de seguridad europeas, nacionales y de las comunidades autónomas

La seguridad en la instalación de aparatos y tuberías es fundamental para preservar la integridad física de los trabajadores, los usuarios y el medioambiente. La normativa a este respecto es amplia y diversa, y engloba directrices a distinto nivel, desde normativa europea hasta la propia de cada comunidad autónoma. Conocer estas normativas es crucial para la correcta aplicación de medidas de prevención de riesgos y el cumplimiento de la legislación vigente.

Normativas europeas

A nivel europeo, las normativas de seguridad buscan establecer un marco homogéneo que facilite la libre circulación de productos, trabajadores y servicios en un entorno seguro para la salud humana y el medioambiente. Estas normativas se implementan a través de directivas que los países miembros deben transponer a sus legislaciones nacionales o reglamentos, que son de aplicación directa. A continuación, se relacionan algunas de las normativas europeas aplicables a prevención de riesgos laborales en la actividad de instalación de aparatos y tuberías:

- **Directiva 89/391/CEE:** conocida también como la Directiva Marco de Seguridad y Salud en el Trabajo, establece las medidas generales para promover la mejora de la seguridad y la salud de los trabajadores. Sus principios se basan en la eliminación de riesgos y en la formación adecuada.
- **Directiva 89/654/CEE:** establece las disposiciones mínimas de seguridad y de salud en los lugares de trabajo.
- **Directiva 2009/104/CE:** establece las disposiciones mínimas de seguridad y de salud para la utilización de los equipos de trabajo por parte de los trabajadores.

Normativas nacionales

La normativa estatal surge, en muchos casos, a partir de la transposición de directivas europeas y, en otros, de la necesidad de regulaciones específicas ajustadas al contexto de cada país.

En España, la Ley 31/1995 de Prevención de Riesgos Laborales establece la base legal para la protección de la seguridad y salud de los trabajadores, y regula, entre otras cuestiones, derechos y obligaciones, principios preventivos o la participación de los trabajadores.

La LPRL ofrece una regulación básica en materia de prevención de riesgos laborales, pero hay una gran variedad de temáticas específicas que se han desarrollado más ampliamente a través de reales decretos.

A continuación, se relacionan algunos de los reales decretos más significativos que pueden ser de aplicación a la actividad de instalación de aparatos y tuberías:

- Real Decreto 773/1997, de 30 de mayo, sobre disposiciones mínimas de seguridad y salud relativas a la utilización por los trabajadores de equipos de protección individual.
- Real Decreto 486/1997, de 14 de abril, sobre disposiciones mínimas de seguridad y salud en los lugares de trabajo.

- Real Decreto 1215/1997, de 18 de julio, sobre disposiciones mínimas para la utilización de equipos de trabajo.
- Real Decreto 374/2001, de 6 de abril, sobre la protección de la salud y seguridad de los trabajadores contra los riesgos relacionados con los agentes químicos durante el trabajo.
- Real Decreto 396/2006, de 31 de marzo, sobre protección de los trabajadores contra los riesgos de exposición al amianto.
- Real Decreto 286/2006, de 10 de marzo, sobre protección frente al ruido.
- Real Decreto 487/1997, de 14 de abril, sobre disposiciones mínimas de seguridad y salud relativas a la manipulación manual de cargas que entrañe riesgos, en particular dorsolumbares, para los trabajadores.

Más allá de la normativa específica en materia de PRL, hay una serie de normas que regulan aspectos de seguridad en relación a la actividad de instalación de aparatos y tuberías, como son el CTE y el RITE, que se han desarrollado ampliamente en este capítulo. Además de estas, existen otras como las que se enumeran a continuación:

- **Real Decreto 919/2006,** de 28 de julio, por el que se aprueba el Reglamento técnico de distribución y utilización de combustibles gaseosos y sus instrucciones técnicas complementarias ICG 01 a 11. Establece las condiciones técnicas y garantías que deben cumplir las instalaciones de distribución y utilización de combustibles gaseosos y los aparatos de gas, con el fin de garantizar la seguridad.
- **Real Decreto 487/2022,** de 21 de junio, por el que se establecen los requisitos sanitarios para la prevención y el control de la legionelosis. Regula cómo deben diseñarse, instalarse y mantenerse los sistemas de agua para evitar la proliferación de legionela, siendo de aplicación, entre otras, a instalaciones a redes de agua fría y caliente sanitaria.

 **Aplicación práctica**

Durante la realización de sus trabajos, Julia se encuentra con una serie de situaciones que le generan problemas o dudas. ¿Qué normativa específica de las mencionadas crees que deberá tomarse como referencia para resolver cada caso?

1. Al realizar una reparación de una bajante de la red de saneamiento, Julia observa que las tuberías están fabricadas en fibrocemento, que es un material que contiene amianto, un material que sabe que es peligroso.
2. Al realizar trabajos de soldadura en el taller, Julia comprueba que las condiciones de iluminación no son adecuadas, ya que no se dispone de suficiente luz para dicha tarea.
3. Julia observa que los guantes de que dispone para los trabajos de soldadura no protegen adecuadamente frente a las salpicaduras de metal fundido.

SOLUCIÓN

1. Real Decreto 396/2006, de 31 de marzo, sobre protección de los trabajadores contra los riesgos de exposición al amianto.
2. Real Decreto 486/1997, de 14 de abril, sobre disposiciones mínimas de seguridad y salud en los lugares de trabajo.
3. Real Decreto 773/1997, de 30 de mayo, sobre disposiciones mínimas de seguridad y salud relativas a la utilización por los trabajadores de equipos de protección individual.

Normativas de las comunidades autónomas

Según lo recogido en el artículo 149.1.7ª de la Constitución española, el Estado es quien tiene la competencia exclusiva en materia de legislación laboral, dentro de la cual se incluye la legislación de prevención de riesgos laborales. Los órganos de las comunidades autónomas tienen las competencias para su ejecución. Esto quiere decir que el estado es quien dicta las normas y las comunidades autónomas quienes las aplican y supervisan.

Las competencias de las comunidades autónomas en la ejecución de la normativa nacional en materia de PRL incluyen la promoción, el asesoramiento y la gestión de la prevención en su territorio. De estas competencias puede surgir, a su vez, una regulación normativa. Un ejemplo claro son las leyes que regulan el funcionamiento de organismos autonómicos creados como medio para desarrollar sus competencias en la ejecución de la normativa estatal.

A continuación, se incluyen algunos ejemplos:

- Ley 5/2008, de 19 de diciembre, de creación del Instituto Cántabro de Seguridad y Salud en el Trabajo.
- Ley 14/2007, de 30 de octubre, por la que se crea y regula el Instituto Gallego de Seguridad y Salud Laboral.
- Ley 10/2006, de 26 de diciembre, del Instituto Andaluz de Prevención de Riesgos Laborales.
- Ley 2/2004, de 28 de mayo, de creación del Instituto Valenciano de Seguridad y Salud en el Trabajo.
- Ley 4/2004, de 30 de noviembre, del Instituto Asturiano de Prevención de Riesgos Laborales.
- Ley 7/1993, de 21 de diciembre, de creación de OSALAN - Instituto Vasco de Seguridad y Salud Laborales.

Estas leyes no establecen normas laborales nuevas, sino que regulan organismos autonómicos creados para gestionar y ejecutar las políticas de prevención dentro del marco legal estatal.

El incumplimiento de la legislación en materia de prevención de riesgos laborales puede derivar en daños sobre la salud de los trabajadores, así como en la imposición de sanciones para las empresas.

9. Resumen

En un mundo en el que los entornos laborales son cada vez más complejos y regulados, conocer las leyes y normativas que rigen la seguridad en el trabajo es crucial tanto para empleadores como para trabajadores.

La Ley de Prevención de Riesgos Laborales representa uno de los pilares esenciales en materia de seguridad laboral, y se enfoca en la protección de los trabajadores mediante un conjunto de derechos y obligaciones. Esta legislación no solo busca evitar incidentes y accidentes, sino también promover un ambiente de trabajo saludable y seguro, donde las partes involucradas puedan desarrollar sus actividades sin exponerse a riesgos innecesarios.

El conocimiento de los derechos y obligaciones del trabajador es un aspecto central para garantizar una cultura de seguridad en el trabajo. Los trabajadores deben estar informados y ser conscientes de su derecho a un entorno laboral seguro, así como de sus responsabilidades para contribuir al mantenimiento de este entorno. Simultáneamente, las entidades de prevención de riesgos juegan un papel clave en apoyar a empresas y trabajadores en la implementación de medidas preventivas efectivas. Estas entidades no solo sirven como mediadoras y asesoras, sino que también generan directrices y protocolos adaptados a las necesidades específicas de cada sector.

Los documentos de prevención de riesgos, como las Notas Técnicas de Prevención (NTP), se convierten en valiosos recursos que ofrecen instrucciones prácticas y recomendaciones para prevenir accidentes, fomentando la seguridad en los entornos laborales. La documentación adecuada y actualizada es una herramienta efectiva para la mejora continua del proceso preventivo en cualquier organización.

Dentro del ámbito normativo, el Código Técnico de la Edificación y el Reglamento de Instalaciones Térmicas en los Edificios (RITE) son fundamentales para garantizar la seguridad estructural y el correcto funcionamiento de las instalaciones. Ambos documentos son más que simples compendios de normas; son guías que aseguran la calidad, la eficiencia energética y la adecuación a los estándares de seguridad, contribuyendo de esta manera a la reducción de riesgos en las actividades realizadas dentro de edificaciones.

Finalmente, el conocimiento de las normativas de seguridad a nivel europeo, nacional y autonómico es esencial para asegurar que las acciones preventivas se alineen con los estándares pertinentes y para comprender el marco legislativo en el que opera cada organización. La coherencia en la interpretación y aplicación de estas normativas es vital para las empresas que desean prevenir accidentes, cumplir con las regulaciones vigentes y evitar sanciones.

La seguridad en el trabajo debe ser entendida como un reto común, en el que la colaboración efectiva entre todos los actores involucrados es esencial para lograr un entorno laboral cada vez más seguro y eficiente.

Ejercicios de repaso y autoevaluación

1. Relacione cada ejemplo con el principio de prevención de riesgos laborales aplicado en cada caso.

    a. En un taller mecánico, se instalan sistemas de extracción localizada en las zonas de soldadura para retirar los gases y humos en el punto de generación y evitar la dispersión de los mismos por el lugar de trabajo.

    b. En una oficina, se dispone de escritorios regulables y sillas ergonómicas para que cada persona pueda ajustar su puesto según sus necesidades y adoptar una postura adecuada.

    c. En una empresa de manufactura, se sustituye una máquina antigua sin protecciones por un modelo más moderno con sensores de seguridad que detienen la operación al detectar la presencia humana.

    __ Adaptar el trabajo a la persona.
    __ Tener en cuenta la evolución de la técnica.
    __ Combatir los riesgos en su origen.

2. Enumere las distintas modalidades de gestión de la PRL en la empresa, según lo establecido en la Ley de Prevención de Riesgos Laborales.

_____
_____
_____
_____

3. ¿En qué año se publicó la Ley de Prevención de Riesgos Laborales?

    a. 1995
    b. 1998
    c. 2007
    d. 2012

4. **Indique si las siguientes afirmaciones son verdaderas o falsas:**

   a. La formación en materia de prevención constituye una obligación de los trabajadores, que deben sufragar los costes de la misma con medios propios previamente a su incorporación a la empresa.

     ☐ Verdadero
     ☐ Falso

   b. Los trabajadores tienen la obligación de notificar inmediatamente a sus superiores cualquier situación que pueda suponer un riesgo para su seguridad o la de sus compañeros.

     ☐ Verdadero
     ☐ Falso

   c. Los trabajadores tienen derecho a participar activamente en la elaboración, aplicación y evaluación de las medidas preventivas.

     ☐ Verdadero
     ☐ Falso

   d. Los trabajadores deben seguir siempre las indicaciones de sus superiores, aun cuando las tareas a realizar impliquen un riesgo grave para su salud.

     ☐ Verdadero
     ☐ Falso

5. **¿Cómo se denominan las entidades privadas acreditadas para ofrecer servicios de prevención a otras empresas, cuyas funciones incluyen la evaluación de riesgos laborales, la gestión de actividades preventivas y la impartición de formación y sensibilización para los trabajadores en materia de PRL?**

   a. Servicios de prevención propios
   b. Servicios de prevención ajenos
   c. Servicios de prevención integral
   d. Servicios de seguridad profesional

6. **Indique cuál de las siguientes afirmaciones es correcta en relación con las NTP:**

    a. Son guías técnicas que constituyen una herramienta técnica de consulta para el desarrollo de buenas prácticas y el cumplimiento de la normativa vigente.
    b. Las siglas hacen referencia a las Notas Técnicas de Prevención.
    c. Las NTP más antiguas se editaron en el año 1982.
    d. Todas las opciones son correctas.

7. **Complete la siguiente oración:**

    El material de las tuberías no debe alterar las propiedades _____ del agua ni afectar a su salubridad. Entre los metales que se consideran seguros, se encuentran el _____ y el _____.

8. **¿Cuál es el principal objetivo del RITE?**

    a. Regular las instalaciones eléctricas en edificios.
    b. Garantizar la eficiencia energética y la seguridad de las instalaciones térmicas.
    c. Controlar exclusivamente la climatización de edificios industriales.
    d. Establecer normas sobre la fontanería en edificios.

9. **¿Qué procedimientos puede incluir el mantenimiento de instalaciones térmicas en edificios?**

    _____
    _____
    _____
    _____

10. Indique si la siguiente afirmación es correcta. Justifique su respuesta.

"Las comunidades autónomas tienen competencias para aprobar nueva legislación en materia de prevención de riesgos laborales, adaptando la misma a sus circunstancias territoriales".

_____
_____
_____
_____

Capítulo 2

Manejo de equipos de protección individual, precauciones en el manejo de máquina y herramienta y riesgos específicos en la instalación de tuberías y aparatos

Contenido

1. Introducción

En el ámbito de la instalación de aparatos y tuberías, la prevención de riesgos laborales es un aspecto crucial que garantiza no solo la seguridad de los trabajadores, sino también la eficiencia y eficacia de la organización. El uso y mantenimiento adecuados de equipos de trabajo y herramientas y la correcta manipulación y almacenamiento de gases forman el pilar de las mejores prácticas en el sector.

Las distintas operaciones a llevar a cabo para la instalación de tuberías, desde el taladrado hasta la fijación y ensamblaje, tienen asociados unos riesgos potenciales, por lo que es de vital importancia contar con manuales y protocolos de prevención bien definidos para cada caso. En dichos documentos suelen detallarse las operaciones a ejecutar, los riesgos asociados y los equipos de protección individual a emplear.

Conocer los riesgos permitirá implementar medidas preventivas y reducir la probabilidad de que se produzca un accidente. Aun así, el personal debe estar preparado para dar una respuesta adecuada y ofrecer primeros auxilios cuando se produzca algún daño en la salud de los trabajadores durante el desarrollo de su actividad laboral.

2. Manuales de prevención en el manejo de herramienta específica

El desarrollo de los trabajos de instalación de tuberías y aparatos de acondicionamiento térmico implica el uso de herramientas de diverso tipo, lo cual tiene asociado un riesgo. Los manuales de prevención en el manejo de herramientas específicas representan una guía esencial para minimizar los riesgos asociados a su uso, ya que proporcionan a los operarios la información necesaria para manejar dichas herramientas de manera segura y eficiente.

La elaboración de estos manuales debe llevarse a cabo por especialistas en prevención, teniendo en cuenta las aportaciones de los operarios, ya que estos poseen una información valiosa derivada de su experiencia práctica. Como resultado, se dispondrá de una herramienta útil para promover prácticas laborales responsables, minimizar el riesgo de accidentes y cumplir la legislación. Como documentación de base se deberá emplear, cuando corresponda, el manual de instrucciones proporcionado por el fabricante de la herramienta, la evaluación de riesgos, la legislación aplicable y otra documentación de referencia como las NTP y las guías técnicas del INSST.

Los manuales de prevención en el uso de herramientas suelen desarrollar los siguientes contenidos:

1. **Identificación de la herramienta y su uso correcto:** se aporta una descripción de las características, componentes y usos.
2. **Identificación de riesgos potenciales:** se detallan los riesgos asociados al uso de la herramienta.
3. **Medidas de prevención:** se definen las medidas preventivas a aplicar antes, durante y después del uso de la herramienta para evitar que se produzcan accidentes.

En algunos casos se puede incluir también información sobre la adaptación a distintos entornos de trabajo o la personalización según la experiencia y el nivel de habilidad de los operarios.

Identificación de la herramienta y su uso correcto

Cada herramienta tiene un propósito específico que debe ser conocido por los operarios. La identificación adecuada del uso correcto de una herramienta previene su utilización inadecuada, la cual es una de las principales causas de accidentes laborales.

Se pueden clasificar las herramientas en manuales y automáticas. A continuación, se describen sus características y tipos.

Herramientas manuales

El accionamiento de estas herramientas se produce manualmente, por lo que el operario debe estar instruido sobre el agarre adecuado y la fuerza a aplicar para evitar lesiones por sobreesfuerzo. Según las características de la herramienta y la forma de uso puede haber también riesgo de golpes, cortes, proyección de partículas, etc.

A continuación, se enumeran algunos ejemplos de herramientas manuales clasificadas según su función:

■ Herramientas de sujeción: alicates.
■ Herramientas de corte: cúteres, tijeras y sierras de mano.
■ Herramientas de golpeo y percusión: martillos, mazas y cinceles.
■ Herramientas de atornillado y ajuste: destornilladores y llaves.
■ Herramientas de perforación y desgaste: limas y gubias.

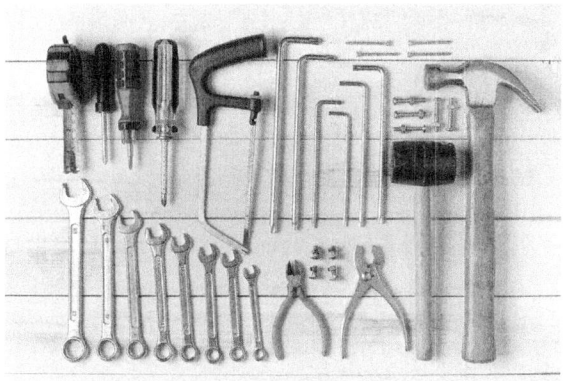

Herramientas manuales

Herramientas automáticas

El accionamiento de estas herramientas se produce a través de energía eléctrica, neumática, hidráulica o por combustión. Al ser herramientas más potentes, pueden causar un daño más severo que las manuales y tienen asociados riesgos adicionales derivados de la fuente de energía empleada para su accionamiento.

A continuación, se enumeran algunos ejemplos de herramientas automáticas clasificadas según la fuente de energía:

■ **Herramientas eléctricas:** accionadas mediante energía eléctrica, bien por conexión directa a la corriente mediante cable o por batería. Las más comunes son taladros, amoladoras, sierras y destornilladores.

■ **Herramientas neumáticas:** accionadas mediante aire comprimido. Las más comunes son las clavadoras y las llaves de impacto.

■ **Herramientas hidráulicas:** accionadas mediante energía hidráulica: gatos, cizallas y prensas.

■ **Herramientas de combustión:** accionadas mediante la quema de combustible, como gasolina o diésel. La más común es el martillo demoledor.

Herramientas automáticas

Identificación de riesgos potenciales

La identificación previa de los riesgos permite la implementación de medidas preventivas eficaces, por lo que los manuales deben incluir una sección donde se detallen los mismos. Estos riesgos pueden clasificarse en:

■ **Riesgos mecánicos:** los riesgos mecánicos más comunes en el uso de herramientas son los golpes y cortes, la exposición a vibraciones, la proyección de partículas o el atrapamiento entre partes móviles.

■ **Riesgos eléctricos:** riesgo de contacto eléctrico generado según los casos como consecuencia de conexiones incorrectas, fallos de aislamiento o sobrecargas.

■ **Riesgos ergonómicos:** son aquellos que se generan como consecuencia de posturas inadecuadas, manipulación manual de cargas, movimientos repetitivos, etc.

- **Riesgos químicos:** aunque es un riesgo menos probable en el trabajo con herramientas, se puede producir una exposición a partículas y vapores tóxicos de refrigerantes y lubricantes en determinadas herramientas.

Proyección de chispas incandescentes en trabajos de corte con radial

Medidas de prevención y control en el uso de herramientas

A continuación, se presentan algunos principios clave a aplicar para el uso seguro de todo tipo de herramientas:

- **Uso apropiado de la herramienta:** el origen de muchos accidentes en el trabajo con herramientas está en el uso incorrecto de las mismas. Cada herramienta está diseñada para un propósito específico, por lo que no deben ser utilizadas con una finalidad distinta.
- **Comprobación previa al uso:** antes de usar cualquier herramienta, es vital realizar una inspección visual para detectar cualquier signo de daño o desgaste. Las herramientas defectuosas no solo son ineficaces, sino que también aumentan significativamente el riesgo de accidentes. En caso de herramientas automáticas, los operadores deberán comprobar la correcta colocación de protecciones, y está totalmente prohibida la inhabilitación o retirada de las mismas.
- **Mantenimiento adecuado:** mantener las herramientas en buen estado de conservación y limpieza no solo prolonga su vida útil, sino que también contribuye a un manejo más seguro. De forma general, se debe evitar

el uso de herramientas oxidadas, con deformaciones, piezas sueltas, mangos deteriorados, etc. Cuando corresponda, habrá que llevar a cabo el mantenimiento preventivo, según las indicaciones del fabricante, prestando especial atención a la revisión de componentes críticos y la sustitución de piezas que se encuentren dañadas o que hayan agotado su vida útil.

- **Almacenamiento seguro:** para garantizar la seguridad y prolongar la vida útil de las herramientas, es fundamental almacenarlas de manera adecuada, evitando su exposición a agentes que puedan causar deterioro. Asimismo, durante el transporte, es imprescindible proteger correctamente los filos cortantes para prevenir accidentes y conservar su funcionalidad.

 Aplicación práctica

Juan está realizando unos trabajos de reparación y para acceder a un tramo de tubería tiene que abrir un pequeño hueco en la pared, pero no encuentra el cincel. Decide emplear en sustitución un destornillador, ya que ambas herramientas son algo parecidas y así podrá continuar con el trabajo sin tener que perder más tiempo.

¿Está llevando a cabo una práctica segura en el uso de herramientas? ¿Qué accidentes se podrían generar en este caso?

SOLUCIÓN

- Al emplear un destornillador como cincel, se estaría haciendo un uso inadecuado de la herramienta, ya que no está diseñada para tal fin. Esta es una práctica insegura que puede derivar en varios tipos de accidentes laborales, siendo los más probables los que se describen a continuación:
- Impacto de fragmentos proyectados: al golpear el destornillador con un martillo, el metal podría astillarse y generar esquirlas que, al proyectarse sobre el trabajador, podrían causar lesiones en los ojos o la piel.
- Golpes y pinchazos: al no estar diseñado para cincelar, el destornillador podría resbalar y provocar lesiones en las manos, brazos u otras partes del cuerpo.

3. Protocolos de seguridad en el manejo de herramientas

La seguridad en el manejo de herramientas es de suma importancia en la instalación de aparatos y tuberías, ya que estas son responsables de muchos accidentes laborales que pueden evitarse mediante una correcta aplicación de protocolos bien definidos. Mientras que el apartado anterior discurrió sobre los manuales de prevención que establecen medidas generales a aplicar en el uso de herramientas, este apartado se centra en los protocolos específicos de seguridad para aquellas que pueden ser potencialmente más peligrosas.

 Definición

Protocolo de seguridad
Se refiere a una serie establecida de procedimientos sistemáticos y prácticas diseñadas para garantizar la salud y la seguridad de los trabajadores. Estos documentos deben estar integrados en la rutina diaria de trabajo, por lo que todos los empleados deben recibir la capacitación adecuada para entenderlos y aplicarlos.

De forma general, los protocolos de seguridad en el manejo de herramientas se centran en las herramientas automáticas por los siguientes motivos:

- **Mayor complejidad:** las herramientas automáticas suelen tener partes móviles y son movilizadas por una fuente de energía, lo que aumenta el riesgo de fallos y accidentes.
- **Mayor riesgo:** pueden generar lesiones más graves en comparación con las herramientas manuales, como atrapamientos, cortes o proyección de partículas.
- **Mantenimiento y uso específico:** las herramientas mecánicas necesitan procedimientos claros de inspección, lubricación, calibración y uso correcto.

Los protocolos de seguridad en el manejo de la herramienta pueden ser documentos más o menos extensos que recogen indicaciones sobre los componentes de la herramienta, indicaciones sobre el uso y prohibiciones, EPI a emplear, operaciones de mantenimiento a aplicar, etc.

A continuación, se incluyen algunos ejemplos de protocolos de seguridad en una versión abreviada para las principales herramientas automáticas empleadas en la instalación de tuberías y aparatos de acondicionamiento térmico.

Taladro eléctrico

Esta herramienta se utiliza para perforar materiales. Algunos modelos, además, pueden atornillar y desatornillar. Funciona mediante un motor que hace girar una broca a altas velocidades.

Taladro eléctrico de batería

A continuación, se describen algunas recomendaciones a seguir en el trabajo con la herramienta antes, durante y después de su uso:

- Antes del uso:

  - Verificar que la broca esté bien sujeta, que es adecuada al material a tratar y que se encuentra en buen estado.
  - Inspeccionar la batería o el cable de alimentación.
  - Asegurar que la zona de trabajo esté despejada.

- Durante el uso:

  - Hacer uso de gafas de seguridad y guantes de protección mecánica y protectores auditivos.
  - Sujetar firmemente con ambas manos, sin aplicar fuerza excesiva para evitar la rotura de la broca.
  - Prestar atención a la tarea para evitar el contacto de la broca en movimiento con la mano u otras partes del cuerpo.

- Después del uso:

  - Limpiar la herramienta y el área de trabajo.
  - Guardar la herramienta en el lugar habilitado para ello.

Radial o amoladora

Herramienta utilizada para cortar, desbastar, lijar o pulir diversos materiales. Funciona mediante un motor que hace girar un disco abrasivo a alta velocidad.

Radial o amoladora eléctrica

A continuación, se describen algunas recomendaciones a seguir en el trabajo con la herramienta antes, durante y después de su uso:

■ Antes del uso:

  ❙ Verificar que el disco está correctamente colocado, que es adecuado al material a tratar y que se encuentra en buen estado.
  ❙ Inspeccionar la batería o el cable de alimentación.
  ❙ Asegurar que la zona de trabajo esté despejada y que no hay en el entorno materiales combustibles o inflamables.

■ Durante el uso:

  ❙ Hacer uso de gafas, guantes de protección mecánica y protectores auditivos.
  ❙ Sujetar firmemente la herramienta, siempre por debajo de la altura de los hombros, asegurando una postura estable y firme.
  ❙ No forzar el disco ni cortar con un ángulo inadecuado.

■ Después del uso:

  ❙ Esperar a que el disco se detenga completamente antes de depositar la herramienta sobre cualquier superficie.
  ❙ Limpiar la herramienta y el área de trabajo.
  ❙ Guardar la herramienta en el lugar habilitado para ello.

Sierra de sable eléctrica

Herramienta utilizada para cortar materiales diversos. Funciona mediante un motor que mueve una hoja de sierra adelante y atrás.

Sierra de sable eléctrica con batería

A continuación, se describen algunas recomendaciones a seguir en el trabajo con la herramienta antes, durante y después de su uso:

- Antes del uso:

  - Comprobar que la hoja de sierra está bien sujeta y afilada y que es adecuada al material a cortar.
  - Inspeccionar la batería o el cable de alimentación.

- Durante el uso:

  - Hacer uso de guantes de protección mecánica, gafas y protectores auditivos.
  - Agarrar la sierra con ambas manos y mantener una postura estable.
  - No acercar la mano a la hoja de sierra mientras la herramienta esté en funcionamiento.
  - Realizar cortes progresivos y sin aplicar fuerza excesiva sobre la herramienta.
  - Mantenerse fuera del trayecto de corte para evitar lesiones en caso de retroceso.
  - No cambiar la hoja de sierra ni hacer ajustes mientras la herramienta esté conectada.

- Después del uso:

  - Apagar la sierra y esperar a que la hoja se detenga completamente antes de depositarla sobre cualquier superficie.
  - Limpiar la herramienta y el área de trabajo.
  - Guardar la herramienta en el lugar habilitado para ello.

Curvadora eléctrica

Herramienta empleada para doblar o curvar tuberías de metal de manera precisa y uniforme. Funciona mediante un sistema motorizado que acciona rodillos o matrices que ejercen presión sobre el material para darle la forma deseada.

Curvadora eléctrica portátil

A continuación, se describen algunas recomendaciones a seguir en el trabajo con la herramienta antes, durante y después de su uso:

■ Antes del uso:

▪ Verificar el buen estado y la ausencia de daños visibles.
▪ Ubicar sobre una superficie estable o fijar correctamente.
▪ Inspeccionar la batería o el cable de alimentación.
▪ Comprobar que la ropa queda ajustada y sin elementos sueltos que puedan engancharse.

■ Durante el uso:

▪ Hacer uso de guantes de protección mecánica y gafas de protección contra proyección de partículas.
▪ Comprobar el ajuste de la matriz de curvado y que el diámetro del tubo sea compatible.
▪ No acercar las manos en la zona de curvado mientras la herramienta está en funcionamiento.
▪ Mantener el cuerpo alejado de la trayectoria de la tubería para evitar golpes.
▪ Accionar la herramienta con movimientos controlados, sin forzar el mecanismo.
▪ En caso de atasco, apagar antes de intentar liberar la pieza.

■ Después del uso:

   ▪ Apagar la máquina y esperar a que los rodillos se detengan completamente antes de retirar la pieza.
   ▪ Limpiar la herramienta y el área de trabajo.
   ▪ Guardar la herramienta en el lugar designado.

4. Riesgos en la manipulación de cargas, en operaciones de corte y escariado, recocido, curvado, aterrajado, taladrado, anclaje y conexión de aparatos

La instalación de aparatos y tuberías abarca una amplia variedad de operaciones que presentan riesgos significativos para la seguridad laboral. Este apartado aborda específicamente los riesgos asociados con operaciones habituales como la manipulación de cargas, el corte y escariado, el recocido, el curvado, el aterrajado, el taladrado, el anclaje y la conexión de aparatos. El que estas operaciones se ejecuten de forma segura dependerá, en gran medida, de una comprensión detallada de los riesgos específicos asociados a las mismas y de las medidas preventivas a aplicar.

4.1. Manipulación de cargas

La manipulación de cargas se produce durante el desarrollo de tareas rutinarias al levantar objetos pesados, transportar y depositar materiales y herramientas, etc. Estas tareas tienen asociadas unos riesgos y requieren de una adecuada postura y técnica para prevenir lesiones:

■ **Riesgos:**

   ▪ **Trastornos musculoesqueléticos:** el riesgo principal asociado a estas tareas es el desarrollo de trastornos musculoesqueléticos, especialmente en la zona lumbar, debido a técnicas incorrectas de levantamiento de cargas. En estos casos, debido al esfuerzo excesivo ejercido sobre la columna vertebral, se pueden generar lesiones como la hernia de disco.

- **Golpes:** una sujeción incorrecta de la carga puede dar lugar a la caída de la misma, con el riesgo de golpes principalmente sobre los pies.

- **Medidas preventivas:**

  - Aplicación de técnica correcta de levantamiento de cargas, siguiendo las pautas siguientes:

    - **Posición inicial:** en primer lugar, hay que situarse cerca de la carga con los pies separados unos 50 cm, asegurando estabilidad.
    - **Descenso:** durante el descenso, hay que mantener la espalda recta, flexionando las rodillas.
    - **Agarre firme de la carga:** hay que sujetar la carga con ambas manos y asegurarse de que el agarre sea estable.
    - **Levantamiento de la carga:** se eleva la carga manteniendo la espalda recta y empleando la fuerza de las piernas. En cualquier caso, se evitará realizar torsiones del tronco.
    - **Transporte seguro:** durante el transporte se mantendrá la carga cerca del cuerpo, evitando movimientos bruscos.
    - **Descenso controlado:** para depositar la carga hay que flexionar las rodillas y descender suavemente manteniendo la espalda recta.

  - Cuando la carga supere los 25 kg se realizará el levantamiento entre dos personas o se hará uso de medios mecánicos.
  - Uso de EPI: calzado con puntera de seguridad y guantes.

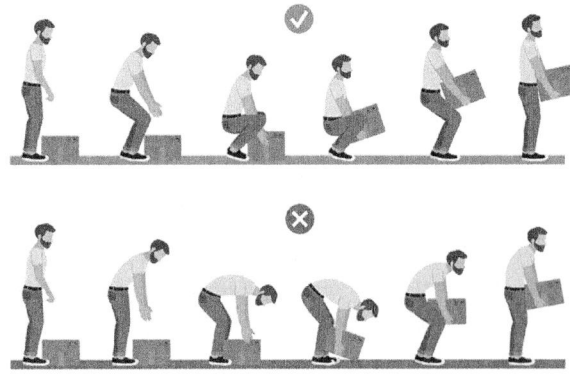

Un procedimiento correcto de levantamiento de cargas es fundamental para evitar un esfuerzo excesivo de la columna vertebral que podría dar lugar a posibles lesiones.

4.2. Operaciones de corte y escariado

El corte y escariado son procesos utilizados para dar forma y ajustar tuberías y componentes a las especificaciones necesarias para la instalación. Para ello, se emplean herramientas manuales y automáticas con partes punzantes y cortantes, con el consecuente riesgo de accidentes.

A continuación, se analizarán los riesgos asociados a estos trabajos y se propondrán medidas preventivas a aplicar para evitar posibles daños sobre la salud de los trabajadores:

- **Riesgos:**

  - Cortes y pinchazos: al entrar en contacto físico con las partes cortantes y punzantes de las herramientas, se pueden producir heridas de diversa consideración.
  - Proyección de partículas: durante el corte pueden desprenderse y salir despedidas virutas y fragmentos de material tratado o incluso fragmentos de la máquina en caso de rotura.
  - Proyección de chispas incandescentes: en el proceso de corte con herramientas automáticas como la radial se pueden generar chispas o escorias que pueden proyectarse sobre el cuerpo y la cara del trabajador.
  - Incendio o explosión: debido a la generación de calor y chispas incandescentes en presencia de materiales combustibles o inflamables.
  - Exposición a ruido: debido al uso de herramientas automáticas como la radial.

- **Medidas preventivas:**

  - Aplicar lo recogido en los manuales y protocolos establecidos en el uso de herramientas.
  - Revisar el entorno de trabajo y retirar los posibles materiales combustibles e inflamables.
  - Mantener las manos alejadas de los elementos de corte.
  - Evitar realizar operaciones con la herramienta situada por encima de los hombros.

■ Mantener las protecciones de la herramienta.

■ Uso de EPI: usar guantes de protección mecánica y gafas de seguridad.

4.3. Recocido

El recocido es un tratamiento térmico utilizado para mejorar la ductilidad y facilitar las operaciones de corte y curvado; suele emplearse para ello la llama de un soplete.

A continuación, se analizarán los riesgos asociados a estos trabajos y se propondrán medidas preventivas a aplicar para evitar posibles daños sobre la salud de los trabajadores:

■ **Riesgos:**

■ **Quemaduras:** el contacto con superficies calientes puede dar lugar a quemaduras de distinto grado.

■ **Proyección de chispas incandescentes:** en el proceso de recocido se pueden generar chispas o escorias que pueden proyectarse sobre el cuerpo y la cara del trabajador.

■ **Inhalación de gases y humos metálicos:** como consecuencia del trabajo con soplete, se van a generar humos metálicos y gases de combustión.

■ **Golpes:** debido a la manipulación de tuberías pesadas y herramientas, se pueden producir golpes en distintas partes del cuerpo.

■ **Lesiones musculoesqueléticas:** como consecuencia de los movimientos repetitivos y posturas forzadas durante la realización de los trabajos.

■ **Incendio o explosión:** debido a la generación de calor y chispas incandescentes en presencia de materiales combustibles o inflamables.

■ **Medidas preventivas:**

■ Aplicar lo recogido en los manuales y protocolos establecidos en el uso de herramientas.

■ Revisar el entorno de trabajo y retirar los posibles materiales combustibles e inflamables.

■ Usar elementos accesorios que permitan sujetar la tubería, evitando el contacto directo con la misma.

■ Ventilar adecuadamente del lugar de trabajo o colocar sistemas de extracción localizada.

■ Usar los EPI apropiados, que en este caso serían guantes de protección térmica, delantales resistentes al calor y gafas de protección.

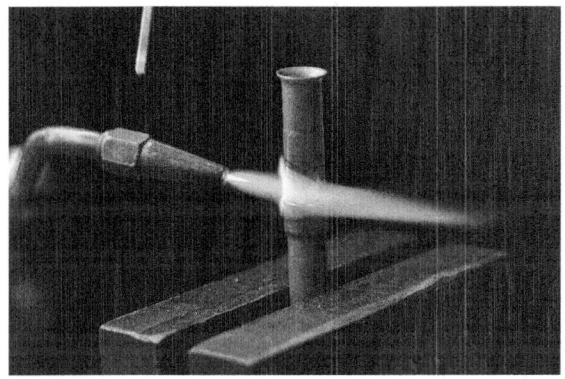

En trabajo de recocido, el uso de elementos accesorios que permitan sujetar la tubería ayudará a evitar quemaduras por el contacto directo con la misma a alta temperatura.

4.4. Curvado

Las operaciones de curvado de tuberías tienen por objeto modificar la trayectoria de las mismas. Para ello, se emplean herramientas o maquinaria especializada, que, mediante la aplicación de fuerzas sobre la tubería, provocan la deformación plástica de la misma sin romperla.

A continuación, se analizarán los riesgos asociados a estos trabajos y se propondrán medidas preventivas a aplicar para evitar posibles daños sobre la salud de los trabajadores:

■ **Riesgos:**

▐ Atrapamiento y aplastamiento: ropa, guantes o dedos pueden quedar atrapados por los elementos móviles en el uso de curvadoras automáticas.

▐ Golpes: debido a la manipulación de tuberías pesadas y herramientas, se pueden producir golpes en distintas partes del cuerpo.

▐ Lesiones musculoesqueléticas: en herramientas de accionamiento manual, el esfuerzo requerido, las posturas forzadas y los movimientos repetitivos pueden derivar en este tipo de lesiones.

■ **Medidas preventivas:**

▐ Aplicar lo recogido en los manuales y protocolos específicos para las herramientas empleadas.

▐ Mantener correctamente colocadas y operativas todas las protecciones de la herramienta.

▐ Utilizar herramientas automáticas que minimicen el esfuerzo físico.

▐ Usar los EPI apropiados, que en este caso serían guantes de protección mecánica y gafas de seguridad.

En herramientas y maquinaria con elementos móviles se puede generar un riesgo de atrapamiento.

4.5. Aterrajado

El aterrajado o roscado es el proceso de crear roscas en el interior de los tubos para unir secciones de tuberías o acoplamientos. Estas operaciones se llevan a cabo mediante el uso de herramientas y maquinaria específica, que tienen asociados una serie de riesgos.

A continuación, se analizarán los riesgos asociados a estos trabajos y se propondrán medidas preventivas a aplicar para evitar posibles daños sobre la salud de los trabajadores:

- **Riesgos:**

  - Atrapamiento: ropa, guantes o dedos pueden quedar atrapados por los elementos móviles de la maquinaria.
  - Golpes y cortes: por deslizamientos del material o retroceso de la herramienta y por contacto con las virutas metálicas generadas.
  - Lesiones musculoesqueléticas: en herramientas y maquinaria de accionamiento manual, el esfuerzo requerido, las posturas forzadas y los movimientos repetitivos pueden derivar en este tipo de lesiones.
  - Proyección de partículas: durante el aterrajado se pueden desprender y salir despedidas virutas que pueden proyectarse hacia los ojos, causando lesiones oculares.
  - Contacto eléctrico: en aterrajadoras eléctricas, un mal mantenimiento o cables defectuosos pueden causar descargas eléctricas.
  - Exposición a sustancias químicas: algunos fluidos de corte y refrigerantes utilizados en aterrajadoras pueden generar vapores tóxicos.
  - Exposición al ruido: en el trabajo con aterrajadoras eléctricas se estará expuesto a niveles de ruido elevados.

- **Medidas preventivas:**

  - Aplicar lo recogido en los manuales y protocolos específicos para las herramientas empleadas.
  - Mantener correctamente colocadas y operativas todas las protecciones de la herramienta.
  - Emplear herramientas automáticas que minimicen el esfuerzo físico.

▌ Usar los EPI apropiados, que en este caso serían guantes de protección mecánica, gafas de seguridad y protectores auditivos.

4.6. Taladrado

Las operaciones de taladrado en fontanería consisten en la perforación de tuberías o superficies para la instalación de accesorios, derivaciones o anclajes. Se realizan con herramientas manuales o eléctricas, como taladros de batería o de cable, y requieren brocas adecuadas al material (PVC, cobre, etc.).

A continuación, se analizarán los riesgos asociados a estos trabajos y se propondrán medidas preventivas a aplicar para evitar posibles daños sobre la salud de los trabajadores:

■ **Riesgos:**

▌ Atrapamiento: con elementos móviles de la herramienta
▌ Lesiones por erosión: por contacto con la broca en movimiento
▌ Golpes: por deslizamientos y caídas del material
▌ Proyección de partículas: durante el taladrado se pueden desprender y salir despedidas virutas y fragmentos de metal tratado o fragmentos de la broca por rotura.
▌ Inhalación de polvo y partículas
▌ Exposición al ruido: en el trabajo con taladro se estará expuesto a niveles de ruido elevados.

■ **Medidas preventivas:**

▌ Aplicar lo recogido en los manuales y protocolos establecidos en el uso de herramientas.
▌ Prestar atención a la tarea y evitar acercar las manos a la broca en movimiento.
▌ Usar los EPI apropiados, que en este caso serían guantes de protección mecánica, gafas de seguridad, protectores auditivos y mascarilla con filtro de partículas.

En las operaciones de taladrado pueden generarse polvo y partículas, por lo que habrá que emplear los EPI adecuados, como gafas y mascarilla.

4.7. Anclaje

El anclaje consiste en la fijación de componentes a estructuras mediante el uso de herramientas. Esta tarea puede tener asociado en ocasiones el trabajo en altura o sobre plataformas inestables.

A continuación, se analizarán los riesgos asociados a estos trabajos y se propondrán medidas preventivas a aplicar para evitar posibles daños sobre la salud de los trabajadores:

- **Riesgos:**

    - Golpes: por el uso de diversas herramientas en el anclaje, como destornilladores y llaves.
    - Proyección de partículas: por el uso de diversas herramientas en el anclaje, como el taladro.
    - Inhalación de polvo y partículas: por el uso de diversas herramientas en el anclaje, como el taladro.
    - Lesiones musculoesqueléticas: por el esfuerzo requerido en el accionamiento de herramientas, las posturas forzadas y los movimientos repetitivos.
    - Caídas desde altura: por la fijación de componentes en localizaciones que impliquen trabajos en altura.

▮ Exposición al ruido: en el trabajo con herramientas automáticas, como el taladro.

■ **Medidas preventivas:**

▮ Aplicar lo recogido en los manuales y protocolos establecidos en el uso de herramientas.

▮ Aplicar lo recogido en los protocolos de trabajo con riesgo de caída en altura.

▮ Usar los EPI apropiados, que en este caso serían guantes de protección mecánica, gafas de seguridad, protectores auditivos y mascarilla con filtro para partículas.

Para el anclaje de componentes se suele hacer uso de herramientas manuales o automáticas.

4.8. Conexión de aparatos

Los aparatos a conectar con los sistemas de tuberías instalados pueden ser aparatos sanitarios, termos eléctricos, termos de gas y calderas domésticas, principalmente. Para la conexión de estos aparatos se van a llevar a cabo de forma general operaciones simples de montaje y desmontaje mediante el uso de herramientas manuales, pero en algunos casos habrá que realizar, además, la conexión a la red eléctrica o a las tomas de suministro de gas combustible, con los consecuentes riesgos específicos. Es por ello que a continuación se analizarán, por un lado, los riesgos generales en la conexión de aparatos y, por otro lado, se desarrollarán los riesgos específicos en la conexión de termos eléctricos. En cuanto a la conexión de termos de gas y calderas, los riesgos se explicarán de manera más amplia más adelante.

Riesgos generales en la conexión de aparatos

Para la conexión de aparatos se van a llevar a cabo de forma general operaciones simples de montaje y desmontaje mediante el uso de herramientas manuales como llaves, alicates, destornilladores, etc. Adicionalmente, para algunas conexiones se van a emplear también adhesivos y siliconas.

A continuación, se analizarán los riesgos asociados a estos trabajos y se propondrán medidas preventivas a aplicar para evitar posibles daños sobre la salud de los trabajadores:

- **Riesgos:**

    - Golpes y cortes: debido al uso de herramientas manuales.
    - Lesiones musculoesqueléticas: por manipulación de sanitarios pesados, sobreesfuerzos en operaciones de apriete y mantenimiento de posturas forzadas.
    - Exposición a sustancias químicas: debido al uso de adhesivos y siliconas.
    - Exposición a agentes biológicos: al manipular tuberías de desagüe o sanitarios usados.
    - Exposición al ruido: en el trabajo con herramientas automáticas como el taladro.

- **Medidas preventivas:**

    - Aplicar lo recogido en los manuales y protocolos establecidos en el uso de herramientas.
    - Aplicar la técnica adecuada en el levantamiento de cargas.
    - Realizar descansos y estiramientos.
    - Ventilar adecuadamente del lugar de trabajo.
    - Usar EPI: guantes de protección mecánica, calzado con puntera reforzada, gafas de protección, mono desechable, guantes de protección química, protectores auditivos y mascarilla.

Riesgos específicos en la conexión de termos eléctricos

Tal y como se ha explicado anteriormente, en la conexión de termos eléctricos, además de las operaciones simples de conexión, habrá que llevar a cabo operaciones específicas, entre las que destaca la conexión a la red eléctrica.

A continuación, se analizarán los riesgos asociados a las operaciones de conexión de termos eléctricos de producción de agua caliente sanitaria de uso doméstico y se propondrán medidas preventivas a aplicar para evitar posibles daños sobre la salud de los trabajadores:

- **Riesgos:**

  - Riesgo eléctrico: durante los trabajos de conexión del aparato, se generará un riesgo de contacto eléctrico por defectos en aislamiento de elementos en tensión, mala instalación o uso de cables inadecuados.
  - Explosión o sobrepresión: se puede generar este riesgo por fallo en la válvula de seguridad.
  - Quemaduras: el contacto con agua caliente o con superficies del termo a alta temperatura puede dar lugar a quemaduras.

- **Medidas preventivas:**

  - Realizar las operaciones de conexión en ausencia de tensión, mediante el corte del suministro eléctrico previamente al inicio de los trabajos.
  - Usar herramientas con aislamiento eléctrico.
  - Usar cables aislados con la sección adecuada.
  - Instalar un diferencial y disyuntor específico y verificar la correcta conexión a tierra del equipo.
  - Instalar correctamente la válvula de sobrepresión, sin bloqueo de la salida de seguridad.
  - Manipular cuidadosamente, evitando el contacto con superficies calientes.
  - Usar EPI, como guantes de protección dieléctrica y gafas de seguridad.

En el apartado siguiente se desarrollará en profundad el riesgo en la conexión a la instalación de gases combustibles asociado a los termos de gas y las calderas domésticas.

5. Riesgos en la conexión a la instalación de gases combustibles

Tal y como se ha comentado en el apartado anterior, en el caso de los termos de gas y calderas domésticas, además de las operaciones simples de conexión, habrá que llevar a cabo operaciones específicas, entre las que destaca la conexión a la instalación de gases combustibles.

Dicha conexión es un proceso crítico que requiere atención meticulosa a los detalles y el cumplimiento estricto de las normativas de seguridad para minimizar los riesgos inherentes. Estos riesgos no solo pueden comprometer la integridad de la instalación, sino también la seguridad de los operarios y los usuarios finales. En este apartado, se exploran los posibles riesgos asociados con la conexión de instalaciones de gases combustibles y las medidas preventivas que deben adoptarse para garantizar un entorno seguro.

5.1. Identificación de riesgos

Los gases combustibles, como el gas natural, el propano y el butano, son altamente inflamables y, en caso de fuga, su mezcla con el aire en proporciones específicas puede dar lugar a la formación de atmósferas explosivas. En cuanto a la forma de almacenamiento, mientras que el gas natural se distribuye a través de una red de tuberías, el butano y el propano se almacenan en estado líquido dentro de bombonas o cilindros a presión.

Los riesgos asociados a los trabajos tendrán su origen principalmente en las **fugas de gas,** que pueden producirse como consecuencia de conexiones defectuosas, material de tubería dañado o mal instalado.

A continuación, se enumeran los riesgos asociados a la conexión a la instalación de gases combustibles:

- **Incendio y explosión:** al producirse una fuga, la mezcla de gas combustible con aire, en proporciones específicas, puede crear un ambiente propenso para que se produzcan incendios y explosiones. El peligro aumenta con la presencia de fuentes de ignición, como pueden ser las llamas o las chispas generadas por herramientas, instalaciones eléctricas o energía electrostática.

- **Asfixia:** en espacios mal ventilados, los gases combustibles procedentes de una fuga pueden desplazar el oxígeno disponible, generando un riesgo de asfixia. Estas situaciones pueden generarse, por ejemplo, en los trabajos realizados en sótanos, donde habrá que extremar la precaución y seguir los procedimientos establecidos en caso de que estos espacios tengan características de espacio confinado. En lo que respecta a su densidad, el gas natural es más ligero que el aire, mientras que el propano y el butano son más pesados, por lo que se acumularán en las zonas bajas si hay un escape.

- **Envenenamiento:** los gases combustibles empleados en los sistemas de acondicionamiento térmico no son tóxicos, por lo que, de manera general, el envenenamiento por inhalación no será un riesgo común. Habrá que tener en cuenta, al llevar a cabo la revisión o reparación de sistemas con fallos o averías, la posible generación de monóxido de carbono, un producto de la combustión incompleta por falta de oxígeno o mal estado del quemador. Este gas sí es tóxico y puede causar mareos, desmayos e incluso la muerte.

? Sabía que...

Los gases combustibles empleados en aparatos de climatización de uso doméstico son inodoros, es decir, no tienen olor, por lo que en su fabricación se les añade un compuesto odorizante que facilita la detección en caso de posibles fugas.

5.2. Medidas preventivas

Teniendo en cuenta los riesgos identificados en las operaciones de conexión de gases combustibles, es necesario determinar las medidas preventivas para que no se produzcan accidentes, que en este caso podrían provocar daños sobre las personas y las instalaciones.

A continuación, se enumeran las medidas preventivas a aplicar en la conexión a la instalación de gases combustibles para evitar posibles daños sobre la salud de los trabajadores:

- **Instalación apropiada:** la conexión de gas debe llevarla a cabo personal cualificado, siguiendo las especificaciones del fabricante y los requisitos legales.
- **Inspección y mantenimiento:** se llevarán a cabo programas regulares de mantenimiento e inspección para prevenir accidentes en las instalaciones de climatización de uso doméstico que emplean gases de combustión. Estos programas incluirán la revisión periódica de válvulas, conexiones y la detección de corrosión.
- **Medición y monitoreo:** el uso de medidores de gas y sistemas de monitoreo constante en la instalación permite identificar rápidamente incrementos no deseados de concentración de gas en el ambiente. Por otro lado, las pruebas de estanquidad de las instalaciones permitirán detectar posibles fugas.
- **Control de fuentes de ignición:** en aquellas situaciones de trabajo en las que se identifique un riesgo de formación de atmósfera explosiva, habrá que seguir los procedimientos de trabajo establecidos y hacer uso de equipos y herramientas antideflagrantes.

 Actividades

1. Visualice el siguiente vídeo, en el que se analiza un caso real de accidente por explosión durante los trabajos de conexión de tuberías a un tanque con presencia de gases combustibles, y conteste a la pregunta formulada:

Continúa en página siguiente >>

<< Viene de página anterior

https://redirectoronline.com/uf04100201

¿Cuáles de las medidas preventivas indicadas para estos trabajos no se han aplicado, dando lugar al accidente?

6. Riesgos en el manejo y trasiego de gases combustibles

En el ámbito de la instalación de aparatos y tuberías, el manejo y trasiego de gases combustibles suponen riesgos significativos que requieren una comprensión profunda de las prácticas de seguridad y los procedimientos adecuados.

Este apartado está dedicado a explorar los diversos riesgos asociados con el manejo y transporte de gases combustibles, además de describir medidas preventivas para minimizar sus efectos.

6.1. Identificación de riesgos

Los gases combustibles, como el gas natural, el propano y el butano, son altamente inflamables y, en caso de fuga, su mezcla con el aire en proporciones específicas puede dar lugar a la formación de atmósferas explosivas. En cuanto a su forma de almacenamiento, mientras que el gas natural se distribuye a través de una red de tuberías, el butano y el propano se almacenan en estado líquido dentro de bombonas o cilindros a presión. Los riesgos asociados a los trabajos tendrán su origen principalmente en las **fugas de gas,** que pueden producirse como consecuencia de conexiones defectuosas, material de tubería dañado o mal instalado.

A continuación, se enumeran los riesgos asociados al manejo y trasiego de gases combustibles:

- **Incendio y explosión:** al producirse una fuga, la mezcla de gas combustible con aire, en proporciones específicas, puede crear un ambiente propenso para que se produzcan incendios y explosiones. El peligro aumenta con la presencia de fuentes de ignición, como pueden ser las llamas o las chispas generadas por herramientas, instalaciones eléctricas o energía electrostática.
- **Asfixia:** en espacios mal ventilados, los gases combustibles procedentes de una fuga pueden desplazar el oxígeno disponible, generando un riesgo de asfixia. Estas situaciones pueden generarse, por ejemplo, en los trabajos realizados en sótanos, donde habrá que extremar la precaución y seguir los procedimientos establecidos en caso de que estos espacios tengan características de espacio confinado. En lo que respecta a su densidad, el gas natural es más ligero que el aire, mientras que el propano y butano son más pesados, por lo que se acumularán en las zonas bajas si hay un escape.
- **Envenenamiento:** los gases combustibles empleados en los sistemas de acondicionamiento térmico no son tóxicos, por lo que, de manera general, el envenenamiento por inhalación no será un riesgo común. Sí habrá que tener en cuenta, al llevar a cabo la revisión o reparación de sistemas con fallos o averías, la posible generación de monóxido de carbono, un producto de la combustión incompleta por falta de oxígeno o mal estado del quemador. Este gas sí es tóxico y puede causar mareos, desmayos e incluso la muerte.

 Actividades

2. A partir de la lectura de la *NTP 223: trabajos en recintos confinados,* a la que puede acceder a través del siguiente enlace, enumere y describa brevemente las medidas preventivas recogidas en dicho documento.

Continúa en página siguiente >>

<< Viene de página anterior

https://redirectoronline.com/uf04100202

6.2. Medidas preventivas en el almacenamiento

La zona de almacenamiento de recipientes de gases combustibles debe tener unas características para su seguridad, que se detallan a continuación:

- **Ubicación:** las zonas de almacenamiento de gases combustibles deben estar ubicadas lejos de posibles fuentes de ignición y materiales inflamables.
- **Ventilación:** la ventilación del espacio debe ser adecuada para evitar la acumulación de gases.
- **Colocación de botellas:** las botellas de gases combustibles deben almacenarse en posición vertical, y se debe disponer de algún sistema de sujeción para evitar caídas. Debe existir una separación entre botellas llenas y vacías, evitando la mezcla.
- **Señalización:** las instalaciones deberán disponer de una adecuada señalización de seguridad. Entre las señales se incluirá la de prohibición de fumar o de usar dispositivos que generen chispas.
- **Medios de extinción de incendios:** las zonas de almacenamiento contarán con extintores adecuados para combustibles gaseosos.
- **Limitación de acceso a personal no autorizado:** el almacenamiento deberá disponer de algún dispositivo que evite el acceso a personal no autorizado.

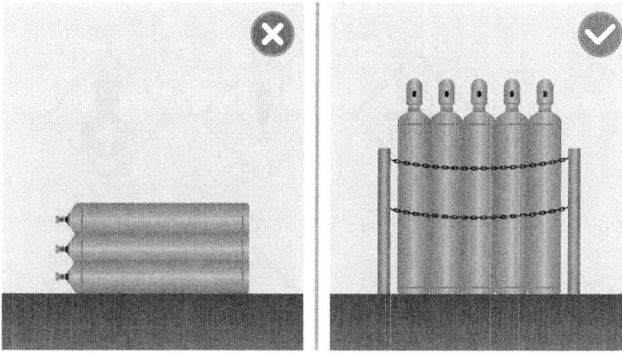

Las botellas deben almacenarse en posición vertical y deben disponer de algún sistema de sujeción para evitar caídas accidentales.

6.3. Etiquetado de los recipientes

Los recipientes de gas combustible a presión deben estar correctamente etiquetados, de forma que se pueda consultar en cualquier momento la información necesaria sobre la naturaleza y peligrosidad del contenido. Las etiquetas deben contener información referente al producto, entre la que destaca la que se describe a continuación:

- **Identificación del producto:** nombre químico del gas.
- **Pictogramas de peligro:** símbolos gráficos que informan visualmente de la peligrosidad del producto.

Los pictogramas de peligrosidad informan visualmente de los riesgos siguientes:

Explosivo   Inflamable   Comburente

Continúa en página siguiente >>

<< Viene de página anterior

Tóxico   Irritante   Cancerígeno

Gas a presión   Corrosivo   Peligro para el medio ambiente

- **Indicaciones de peligro (H):** son frases que describen los peligros específicos.
- **Consejos de prudencia (P):** son frases que aportan indicaciones para la manipulación segura.
- **Información del fabricante o proveedor:** nombre, dirección y número de teléfono.
- **Capacidad y contenido neto:** volumen del gas en la botella.

Etiquetado de un recipiente de gas combustible. (© Fotografía: JoeLogan / Shutterstock.com)

6.4. Medidas preventivas en el manejo y trasiego

A continuación, se describen las medidas preventivas a aplicar en el manejo y trasiego de gases combustibles:

- Verificar el estado de los recipientes (ausencia de fugas, corrosión o golpes) y su correcto etiquetado.
- Comprobar el correcto estado de las válvulas y mantenerlas protegidas con caperuzas o dispositivos de seguridad.
- Utilizar carros portabotellas y asegurar las botellas con cadenas o correas durante el traslado.
- Transportar las botellas siempre en posición vertical, sin arrastrar ni rodar, evitando posibles golpes.
- Manipular las válvulas de forma lenta y controlada.
- Utilizar detectores de gas o solución jabonosa para identificar posibles fugas, sin usar nunca llamas para ello.

7. Riesgos en operaciones de soldadura

Las operaciones de soldadura son cruciales en la instalación de tuberías y aparatos, al permitir la unión de piezas metálicas que forman parte de las estructuras de innumerables sistemas. Existen diversas técnicas de soldadura, cada una con sus características y riesgos específicos, tales como la soldadura por arco, soldadura por gas, soldadura por resistencia y soldadura láser.

En la instalación de tuberías y aparatos, el tipo de soldadura más comúnmente empleado es la soldadura por gas, por lo que se centrarán las explicaciones en este tipo de soldadura a la hora de identificar y examinar los riesgos asociados y las medidas preventivas esenciales a aplicar.

7.1. Identificación de riesgos

Los riesgos asociados a los trabajos de soldadura con gas se enumeran a continuación:

■ **Incendio y explosión:** los trabajos de soldadura generan calor y chispas, que pueden afectar a materiales cercanos.

■ **Exposición a radiación:** las operaciones de soldadura producen radiación visible, infrarroja y ultravioleta, que puede provocar lesiones graves en los ojos y la piel de los operarios si no se utilizan equipos de protección adecuados. Los soldadores deben usar gafas o máscaras con filtros adecuados para bloquear la radiación peligrosa que puede causar "quemaduras oculares" o queratoconjuntivitis.

■ **Exposición a gases y humos metálicos:** durante los procesos de soldadura se generan gases y humos metálicos a partir de combustión del gas y la fusión del metal, lo cual genera una compleja mezcla de gases, óxidos metálicos y partículas finas. La inhalación prolongada de estos contaminantes puede causar enfermedades pulmonares o respiratorias serias, como la neumonitis química.

■ **Lesiones musculoesqueléticas:** la adopción de posturas forzadas, debido a las restricciones del área de trabajo, puede derivar en este tipo de lesiones.

El uso de pantallas en la realización de trabajos de soldadura protegerá frente a la emisión de radiación como la infrarroja y la ultravioleta.

7.2. Medidas preventivas

Teniendo en cuenta los riesgos identificados en las operaciones de soldadura, es necesario determinar las medidas preventivas para que no se produzcan accidentes:

- **Evaluación previa del entorno:** antes de iniciar un trabajo de soldadura, habrá que realizar una evaluación exhaustiva del entorno para detectar la presencia de materiales combustibles, inflamables o explosivos. En el caso de que se detecte la presencia de dichos materiales, habrá que proceder a la retirada de los mismos o a la colocación de pantallas o barreras ignífugas. En caso de presencia de derrames de aceites, grasas o sustancias peligrosas se realizará la limpieza antes de comenzar el trabajo.
- **Ventilación adecuada:** habrá que garantizar una correcta ventilación para evitar la acumulación de gases o vapores nocivos. En caso de locales cerrados, se hará uso de sistemas de extracción localizada.
- **Adaptación del puesto de trabajo:** siempre que sea posible, habrá que adaptar el puesto de trabajo para mejorar la ergonomía y evitar posturas forzadas.
- **Aplicación de procedimientos de trabajo seguros:** habrá que atender a los procedimientos seguros de trabajo y al manejo adecuado de las botellas de gas. Entre otros aspectos, se deberá atender a los siguientes:

  - **Revisión de equipos:** verificar el buen estado del soplete, mangueras y conexiones antes de usar. No utilizar sopletes con fugas, válvulas dañadas o conexiones flojas.
  - **Encendido y apagado seguro:** aplicar un procedimiento seguro de encendido y apagado del soplete siguiendo las indicaciones del fabricante.
  - **Almacenamiento de gases:** ubicar las botellas de gas en posición vertical y aseguradas para evitar caídas. Almacenar las botellas en lugares ventilados, lejos de fuentes de calor.

 Aplicación práctica

Indique, en cada caso, frente a qué riesgo protegen cada una de las medidas implantadas en la realización de trabajos de soldadura:

Continúa en página siguiente >>

<< Viene de página anterior

1. Se colocan mantas ignífugas para cubrir unas planchas de porexpan almacenadas en las zonas próximas a los trabajos.
2. Se han adquirido bancos regulables en altura para que cada operador pueda ajustar el área de trabajo a sus necesidades.
3. Se han colocado sistemas de extracción localizada en cada puesto de trabajo.

SOLUCIÓN

1. Las mantas ignífugas protegerán los materiales combustibles frente a las chispas incandescentes, evitando posibles incendios.
2. Los bancos regulables en altura permitirán disponer de puestos de trabajo ergonómicos, evitando lesiones musculoesqueléticas por posturas forzadas.
3. Mediante la colocación de sistemas de extracción localizada, se retirarán en el punto de generación los gases y humos metálicos de soldadura, evitando su dispersión por el lugar de trabajo y su inhalación por parte de los trabajadores.

---

8. Riesgos en la fijación, conexión y ensamblaje de tuberías

La instalación de tuberías implica una serie de procesos fundamentales para la seguridad y la eficacia de los sistemas que integran, incluyendo trabajos de fijación, conexión y ensamblaje. Es de vital importancia identificar los riesgos y medidas preventivas para realizar estos trabajos en condiciones de seguridad y evitar posibles daños sobre la salud de los trabajadores.

De forma general, los **riesgos derivados** a los trabajos de fijación, conexión y ensamblaje de tuberías van a estar asociados al uso de herramientas, la realización de trabajos de soldadura y la realización de trabajos en altura. A continuación, se analizan cada uno de estos riesgos:

- **Riesgos asociados al uso de herramientas:** estos trabajos implican operaciones simples de colocación de abrazaderas, bridas, colgadores, tacos, tornillos, juntas, apriete de uniones, etc. Entre los riesgos más comunes, se encontrarán, como se ha visto en apartados anteriores, golpes, cortes, proyección de partículas y lesiones musculoesqueléticas.

- **Riesgos asociados a trabajos de soldadura:** para la conexión de tuberías habrá que llevar a cabo, en muchas ocasiones, la realización de trabajos de soldadura. Entre los riesgos más comunes se encontrarán, como se ha visto en apartados anteriores, las quemaduras, la exposición a radiaciones, la inhalación de gases y humos metálicos, el incendio y la explosión.

- **Riesgos asociados a trabajos en altura:** en este apartado, habrá que prestar especial atención a la circunstancia en la que se desarrollan muchos trabajos, al poder clasificarse los mismos como trabajos en altura, con unos riesgos específicos que deben tratarse en profundidad, debido a la gravedad de las lesiones en caso de accidente. En este apartado se explicará este último caso, ya que no ha sido desarrollado con anterioridad.

8.1. Trabajos en altura. Caída

En el ámbito de la instalación de aparatos y tuberías, los trabajos en altura pueden resultar en lesiones serias o incluso fatales. Estos trabajos están asociados con una serie de operaciones, entre las que cabe destacar las siguientes:

- Instalación de tuberías en techos o estructuras elevadas
- Montaje de tuberías en fachadas o exteriores
- Montaje de tuberías en cubiertas o azoteas

Para la realización de estos trabajos habrá que hacer uso de equipos de trabajo como andamios, plataformas elevadoras o escaleras, y EPI específicos como arneses anticaída y líneas de vida.

A continuación, se desarrollarán los aspectos más significativos de los trabajos con riesgo de caída desde altura, así como medidas preventivas específicas para minimizar posibles accidentes.

 **Ejemplo**

Imagine, por ejemplo, un operario que debe ensamblar tuberías a una altura considerable. Si no toma las medidas de precaución necesarias y no utiliza los dispositivos de seguridad apropiados, el resultado podría ser una caída que conduzca a lesiones severas. Al comprender los riesgos inherentes y equiparse adecuadamente, estos peligros pueden minimizarse significativamente.

Definición de trabajos en altura

Los trabajos en altura se refieren a aquellos que se realizan en un lugar elevado, a una **altura superior a los 2 m** desde el suelo u otra superficie estable, donde una caída desde este nivel podría causar lesiones o daños significativos. Estos lugares pueden incluir escaleras, andamios, tejados, plataformas móviles y cualquier estructura elevada que se emplee para realizar tareas de instalación y mantenimiento.

Factores de riesgo en trabajos en altura

Las caídas en altura son responsables de una parte significativa de los accidentes laborales que ocurren en el sector de la instalación de tuberías y aparatos. Los riesgos pueden derivarse de diversos factores, entre los que destacan los factores humanos y los técnicos.

Factores humanos

Los factores humanos son aquellos que dependen de la propia persona:

- **Falta de capacitación o formación:** muchas caídas resultan del desconocimiento o del insuficiente entrenamiento sobre las medidas de seguridad adecuadas al trabajar en altura.
- **Comportamiento inseguro:** no seguir los procedimientos y recomendaciones de seguridad puede redundar en situaciones peligrosas.

■ **Estado físico inadecuado:** la fatiga, los problemas de equilibrio, el vértigo, los problemas de visión o el consumo de alcohol y drogas constituirán un estado físico inadecuado para este tipo de trabajos.

■ **Distracciones:** la falta de concentración del trabajador en la tarea incrementa el riesgo de caídas.

Factores técnicos

Estos factores están relacionados con el entorno de trabajo, los equipos y las condiciones laborales:

■ **Equipos defectuosos:** andamios, escaleras o plataformas en mal estado o mal instaladas.

■ **Deficiencias en la protección colectiva:** ausencia de barandillas, redes de seguridad o líneas de vida.

■ **Deficiencias en los equipos de protección individual:** arnés en mal estado o puntos de anclaje inseguros.

■ **Falta de señalización:** áreas peligrosas sin avisos o delimitación.

■ **Condiciones ambientales adversas:** viento fuerte, lluvia, hielo, superficies húmedas o falta de visibilidad por iluminación insuficiente.

Medidas preventivas para evitar caídas

La prevención es la herramienta más eficaz contra los riesgos de caídas al trabajar en altura. La implementación de controles y procedimientos rigurosos puede reducir significativamente el potencial de accidentes.

A continuación, se detallan las medidas a implementar frente al riesgo de caídas desde altura:

■ **Formación y concienciación:** los trabajadores deben estar correctamente formados sobre los riesgos de trabajar en altura, así como sobre el uso seguro de los EPI.

■ **Inspección previa del área de trabajo:** identificar posibles peligros *in situ,* como superficies inestables o cercanía a líneas eléctricas.

- **Planificación del trabajo:** coordinar adecuadamente las actividades y definir las medidas de seguridad necesarias, incluyendo planes de emergencia en caso de accidente.
- **Uso de equipos de protección individual:** la selección y uso adecuado de equipos de protección individual (EPI) son fundamentales para salvaguardar la integridad de los trabajadores en altura:

  - **EPI contra caídas:** estos EPI deben estar ajustados correctamente para brindar una protección óptima y es de vital importancia verificar los puntos de anclaje, que deben ser sólidos y deben seguir las especificaciones técnicas para asegurar su eficacia. Dentro de este grupo estarían los sistemas anticaída y los sistemas de retención.
  - **Casco de seguridad:** al trabajar en altura es crucial usar cascos que protejan de posibles golpes con estructuras en el entorno o ante una caída.
  - **Calzado antideslizante:** proveer estabilidad es vital, por lo que se deben usar botas con suela antideslizante y resistente a perforaciones.

 Actividades

3. A partir de la lectura *Utilización de EPI en trabajos con riesgo de caída de altura,* a la que puede acceder a través del siguiente enlace, indique en qué se diferencian un sistema anticaídas y un sistema de retención.

https://redirectoronline.com/uf04100203

9. Evaluación en caso de riesgo de accidente

La evaluación de riesgos en el ámbito de la instalación de aparatos y tuberías es un proceso crucial para evitar posibles accidentes y proteger a los trabajadores de los daños derivados de los mismos. Para ello, habrá que aplicar un procedimiento sistemático que consistirá en identificar los potenciales peligros relacionados con una tarea específica y valorar los riesgos que estos representan. Esto incluye una consideración meticulosa de los escenarios potenciales de accidentes, la gravedad de los mismos y la frecuencia con la cual pueden ocurrir.

De este modo, la evaluación de los riesgos no solo se centra en identificar cada riesgo, sino que también asocia a los riesgos un nivel, que puede ser bajo, moderado, alto, crítico, a través de la combinación de aspectos como la gravedad y la probabilidad de ocurrencia. Estos factores se describen a continuación:

- **Gravedad:** se medirá tanto en términos de daño físico como de impacto económico y operacional.
- **Probabilidad de ocurrencia:** mediante el empleo de herramientas estadísticas y bases de datos de accidentes previos, se determinará cuán probable es que ocurra un accidente relacionado con el riesgo identificado.

Una vez que se haya realizado la evaluación de riesgos, habrá que implantar medidas para su control, llevando a cabo una revisión y actualización continua. En todo este proceso, que deberá quedar documentado y ser comunicado a todas las partes implicadas, se deberá promover la participación del personal. Todas estas cuestiones se desarrollan a continuación.

Control de riesgos

Tras la evaluación de riesgos, hay que planificar las medidas a implementar para su control. Se pueden aplicar las siguientes estrategias:

- **Eliminación del riesgo:** es el método más deseable, ya que se actúa directamente sobre la fuente de riesgo.
- **Sustitución:** es el reemplazo de un procedimiento o material peligroso por otro menos peligroso.

- **Implementación de medidas técnicas:** se trata de la incorporación de sistemas o dispositivos que reduzcan el riesgo, como barandillas, sistemas de ventilación, extracción localizada, etc.

- **Implementación de medidas organizativas:** son procedimientos, formación y políticas que buscan minimizar la exposición a riesgos.

- **Uso de equipos de protección individual (EPI):** aunque es el último recurso en la jerarquía de controles, sigue siendo esencial en la protección contra riesgos residuales.

Monitoreo y revisión

Una parte fundamental del proceso de evaluación de riesgos es un monitoreo y una revisión continua. Dado que los lugares de trabajo y las operaciones cambian con el tiempo, es esencial que la evaluación de riesgos se revise y se actualice continuamente. Esto incluye:

- Inspecciones regulares para asegurarse de que las medidas de control siguen siendo efectivas.

- Consulta al personal sobre los riesgos y las medidas de control.

- Revisión y, si es necesario, modificación de la evaluación de riesgos en función de las nuevas incidencias o cambios en el proceso.

Documentación y comunicación

Es vital que todo el proceso de evaluación de riesgos esté bien documentado para crear un registro transparente y útil para auditorías futuras y para cuando las circunstancias cambien. Los registros deben incluir cada riesgo identificado, así como las medidas implementadas para su control.

La comunicación de estos riesgos y de las acciones tomadas por todo el personal involucrado deben ser claras y comprensibles. Esto puede incluir la colocación de señalización, la elaboración de fichas de seguridad, charlas formativas y sesiones de formación.

Participación del personal

La participación activa de los trabajadores en la evaluación de riesgos es crucial. Ellos son los que están directamente involucrados en las operaciones y tienen conocimientos prácticos sobre las condiciones y peligros actuales en el lugar de trabajo.

 Importante

Fomentar la participación en la identificación de riesgos y en hacer sugerencias sobre cómo mitigarlos no solo mejora la seguridad, sino que también mejora el compromiso del trabajador con las políticas preventivas.

10. Primeros auxilios

Cuando se trabaja en la instalación de aparatos y tuberías, el conocimiento y la capacidad de aplicar primeros auxilios son esenciales para minimizar las consecuencias de un accidente. La rápida respuesta a una emergencia no solo puede salvar vidas, sino que también puede reducir el tiempo de recuperación de una lesión. En este apartado se abordarán los principios básicos de los primeros auxilios y su aplicación práctica en el entorno laboral.

10.1. Principios básicos de los primeros auxilios

El objetivo principal de los primeros auxilios es preservar la vida, prevenir daños mayores y promover la recuperación. Para ello, es fundamental seguir unas pautas generales que aseguren la efectividad de la atención sin causar más daño a la víctima. De este modo, se pueden establecer los siguientes principios básicos a aplicar en la prestación de primeros auxilios a personas accidentadas:

- **Mantener la calma:** siempre hay que intentar mantenerse calmado y tranquilizar a la víctima.
- **No agravar la lesión:** hay que intentar que la actuación no agrave en ningún caso la lesión sufrida por la persona accidentada, por lo que si no se sabe con certeza cómo actuar, lo mejor es no movilizar a la víctima y esperar a la llegada de los equipos de emergencias. Solo si el entorno supone un riesgo se desplazará a la víctima hasta un lugar seguro.

Siguiendo estos principios, para hacer frente a la situación de emergencia habrá que actuar como se detalla a continuación:

1. **Restablecer la seguridad:** habrá que retirar cualquier riesgo inmediato que pueda aumentar el peligro, como maquinaria en funcionamiento o materiales peligrosos.
2. **Evaluar a la víctima:** será necesario comprobar la conciencia de la persona tratando de hablar con ella. Si responde, se evaluarán sus síntomas y, si no, habrá que verificar la respiración y el pulso.
3. **Avisar a los servicios de emergencias:** si es necesario, se contactará con los servicios de emergencia, proporcionando detalles precisos sobre la ubicación, la naturaleza del accidente y el estado de la víctima.
4. **Aplicar procedimientos básicos de salvamento:** cuando sea necesario, y siempre que se tenga la capacitación para ello, se aplicarán técnicas de reanimación cardiopulmonar y de control de hemorragias severas, ya que supondrán un factor esencial para la supervivencia de la víctima hasta la llegada de la asistencia sanitaria.

Si no se sabe cómo actuar en caso de accidente, es mejor no hacerlo y esperar a la llegada de los servicios sanitarios, ya que se podría empeorar la situación de la víctima.

10.2. Primeros auxilios comunes en instalaciones

La instalación de aparatos y tuberías presenta varios riesgos específicos que pueden dar lugar a heridas y hemorragias, fracturas y lesiones musculares, quemaduras o exposición a sustancias químicas. A continuación, se describen las medidas de primeros auxilios a prestar de manera general en las situaciones más comunes:

- **Heridas y hemorragias:**

  - **Detener el sangrado:** aplique presión directa sobre la herida con un vendaje limpio. En caso de hemorragias abundantes, eleve la parte afectada si es posible.
  - **Limpiar la herida:** una vez que el sangrado esté controlado, lave la herida con agua limpia o solución salina para eliminar suciedad y microorganismos.
  - **Desinfectar y proteger:** aplique desinfectante sobre la herida limpia y cúbrala con una gasa estéril o un vendaje apropiado para protegerla de infecciones.

- **Fracturas y lesiones musculares:**

  - Inmovilización: inmovilice la zona afectada y en ningún caso intente alinear los huesos ni reintegrar en su lugar articulaciones dislocadas.
  - Aplicación de frío local: aplique compresas frías, si es posible, para reducir la inflamación y el dolor. Nunca aplique hielo directamente sobre la piel.

- **Quemaduras:**

  - Enfriar la quemadura: coloque la quemadura bajo agua fría corriente durante al menos 10 minutos para enfriarla.
  - No romper ampollas: mantenga las ampollas intactas para prevenir infecciones.
  - Cubrir adecuadamente: después de enfriar, cubra con un apósito estéril que no se adhiera a la piel.

- **Intoxicación y contacto con sustancias químicas:**

  - Identificación: identifique el producto químico si es posible y proporcione esta información al servicio de emergencias.
  - Eliminar el agente causal: en caso de contacto con productos químicos, retire la ropa contaminada y lave la piel con abundante agua. Si la intoxicación es por inhalación, retire a la persona de la zona afectada y proporciónele aire fresco.

 Actividades

4. Visualice el vídeo del siguiente enlace e indique los pasos a seguir para aplicar una maniobra de reanimación cardiopulmonar.

https://redirectoronline.com/uf04100204

10.3. Botiquín de primeros auxilios

Entre los medios de primeros auxilios de que debe disponerse en el lugar de trabajo se encuentra el botiquín, cuyo contenido debe adaptarse a los riesgos específicos del lugar de trabajo. Entre los elementos básicos que se encuentran en él están los siguientes:

- **Material para curas:** vendas, gasas estériles, esparadrapo hipoalergénico, tiritas o apósitos adhesivos, algodón hidrófilo.
- **Material de desinfección y limpieza:** suero fisiológico en monodosis para la limpieza ocular y antisépticos como clorhexidina o povidona yodada.

- **Material de protección personal:** guantes desechables de látex o nitrilo.
- **Instrumental básico:** tijeras con punta roma, pinzas, termómetro digital y bolsa de frío instantáneo.

 Nota

Es importante revisar y mantener el contenido del botiquín regularmente, asegurándose de que todos los elementos estén dentro de la fecha de vencimiento y en condiciones de uso. La presencia de estos elementos prepara a los trabajadores para actuar de manera competente cuando surgen lesiones, asegurando una respuesta inmediata mientras se espera la asistencia médica profesional.

11. Equipos de protección individuales, adecuados a cada trabajo. Tipos y características

En el entorno laboral es vital conocer y utilizar adecuadamente los equipos de protección individual (EPI) para garantizar la seguridad de los trabajadores. Tal y como se vio en el capítulo anterior, se debe dar prioridad a las protecciones colectivas frente a la protección individual, pero hay que tener en cuenta la importancia de los EPI, ya que, aunque estos no eliminan el riesgo, sí protegen al trabajador en caso de que se produzca un accidente.

Un EPI es cualquier equipo destinado a ser llevado o sujetado por el trabajador para que lo proteja de uno o varios riesgos que puedan amenazar su seguridad o su salud en el trabajo.

El trabajador debe disponer de los EPI adecuados a los riesgos generados en su actividad, y debe hacer un uso correcto de los mismos y mantenerlos en buen estado de conservación.

Cada actividad dentro de la instalación de aparatos y tuberías tiene asociados unos riesgos específicos y la elección de los EPI debe responder directamente a estos riesgos. Los EPI más comunes incluyen cascos, gafas de seguridad, guantes, ropa resistente, protección auditiva, calzado de seguridad y protección respiratoria, entre otros.

La elección del EPI adecuado y su uso correcto garantiza su efectividad en la protección del trabajador frente a los riesgos laborales. Para ello, los trabajadores deben recibir información y formación sobre cómo usar y ajustar sus EPI, cuándo sustituirlos por otros nuevos, etc. Además, el mantenimiento regular y la inspección previa al uso permiten detectar fallos que comprometan su eficacia.

A continuación, se describen los EPI más comunes a emplear durante la realización de los trabajos de instalación de tuberías y aparatos de acondicionamiento térmico:

- **Cascos de seguridad:** los cascos son fundamentales en entornos donde existe riesgo de caída de objetos, colisión con estructuras o posibles golpes en áreas elevadas o restringidas. Los trabajadores que realicen sus tareas en áreas en dichos entornos deberán hacer uso de cascos resistentes a impactos para evitar lesiones craneales severas.
- **Protección ocular:** el uso de gafas o pantallas de seguridad va a proteger los ojos frente a la proyección de partículas generadas en operaciones de

corte, taladrado y soldadura. Estos equipos deberán incorporar, además, filtros de protección frente a la radiación en los trabajos de soldadura.

- **Protección auditiva:** el trabajo con maquinaria pesada y herramientas eléctricas puede involucrar niveles de ruido superiores a los límites seguros. En estos casos será necesario hacer uso de tapones auditivos o auriculares.
- **Guantes de seguridad:** los guantes deben ser seleccionados según el trabajo específico a desarrollar, y deben proporcionar, según los casos, protección mecánica, química, térmica o dieléctrica.
- **Ropa de trabajo:** la ropa de trabajo se considera equipo de protección individual cuando está diseñada específicamente para proteger al trabajador contra algún riesgo. Este es el caso de las prendas ignífugas para trabajos de soldadura, las prendas resistentes a productos corrosivos o la ropa reflectante para aumentar la visibilidad.
- **Calzado de seguridad:** el calzado debe proteger de forma general contra aplastamientos, penetración de objetos punzantes y caídas por resbalones. Para ello, estarán dotadas de puntera y plantilla de acero y suela antideslizante.
- **Protección respiratoria:** en tareas donde hay exposición a polvo, humos, vapores o gases nocivos habrá que hacer uso de protección respiratoria, la cual deberá ser elegida según los contaminantes específicos presentes en el lugar de trabajo.
- **Protección frente a caídas en altura:** en tareas con riesgo de caídas en altura habrá que hacer uso de equipos de protección individual como sistemas anticaídas y sistemas de retención, los cuales deberán ser adecuados al trabajo, estar correctamente anclados y ser usados conforme a la formación recibida.

 Sabía que...

Los equipos de protección individual deben llevar el marcado CE, que certifica su conformidad con los requisitos de seguridad establecidos.

Detalle del marcado CE en una mascarilla de protección frente a partículas

12. Resumen

La seguridad en el ámbito laboral es una prioridad fundamental que protege la integridad de los trabajadores y garantiza el desarrollo efectivo de las actividades industriales y de construcción. Especialmente en sectores donde el manejo de maquinaria, herramientas y materiales inflamables es una constante, la implementación de procedimientos de seguridad rigurosos y el uso adecuado de equipos de protección individual (EPI) son esenciales.

El uso de manuales y protocolos de seguridad se presenta como la primera línea de defensa contra los accidentes. Estos documentos no solo ofrecen guías prácticas para el manejo de herramientas específicas, sino que también moldean una cultura de seguridad donde cada trabajador es consciente de los riesgos y las medidas necesarias para mitigarlos.

El trabajo alrededor de las instalaciones de tuberías y aparatos enfrenta numerosos riesgos inherentes, empezando por la manipulación de cargas pesadas y operaciones que requieren precisión y control, como el corte, escariado, recocido y el taladrado. Cada una de estas acciones genera desafíos únicos que, si no se abordan adecuadamente, pueden generar accidentes graves. Asimismo, la conexión de gases combustibles y las operaciones de soldadura aumentan el nivel de riesgo, demandando un conocimiento detallado de las prácticas seguras para minimizar la exposición a potenciales peligros. Además, el sector regularmente exige trabajos en altura, lo cual introduce el siempre presente riesgo de caídas.

Proporcionar conocimientos en primeros auxilios es clave para garantizar que, en el caso de que ocurra un accidente, se pueda responder de manera eficiente y rápida para minimizar daños.

El uso de equipos de protección individual es otro pilar de la seguridad laboral. Comprender qué tipo y qué características deben tener estos equipos para cada tarea resulta esencial para proteger a los trabajadores. Cada herramienta y cada equipo de protección, desde cascos hasta arneses, debe ser seleccionado y usado conforme a las necesidades específicas de cada ambiente laboral para ser verdaderamente efectivo.

Este enfoque integral en la seguridad no solo busca cumplir con normas legales y reglamentarias, sino también fomentar una mentalidad preventiva que capacite a los trabajadores para identificar, evaluar y actuar sobre posibles riesgos antes de que estos se materialicen en el lugar de trabajo.

Ejercicios de repaso y autoevaluación

1. Enumere los principios básicos a seguir en el uso seguro de herramientas para evitar accidentes.

_____

_____

_____

_____

_____

_____   _____

_____

_____

2. Relacione cada riesgo con su correspondiente medida preventiva:

   a. Salpicaduras de metal fundido en trabajos de soldadura
   b. Riesgo de incendio en trabajos de corte con radial
   c. Golpes y cortes en operaciones de anclaje de aparatos
   d. Lesiones musculoesqueléticas al transportar sanitarios y aparatos de climatización

   __ Asegurar que la zona de trabajo esté despejada y que no haya en el entorno materiales combustibles o inflamables.
   __ Aplicar la técnica correcta de levantamiento de cargas y emplear ayudas mecánicas para cargas superiores a 25 kg.
   __ Hacer uso de la herramienta apropiada al trabajo a realizar y comprobar que esta se encuentra en buen estado, sin desperfectos.
   __ Hacer uso de guantes de protección térmica.

3. Detecte el error en el procedimiento seguro de levantamiento de cargas descrito a continuación:

   ▪ En primer lugar, nos situaremos cerca de la carga con los pies bien juntos, asegurando estabilidad.
   ▪ Durante el descenso, mantendremos la espalda recta y flexionaremos las rodillas.
   ▪ Deberemos sujetar la carga con ambas manos y asegurarnos de que el agarre es estable.

I Elevaremos la carga manteniendo la espalda bien flexionada hacia adelante y las piernas extendidas realizando, si es necesario, una torsión del tronco.

I Durante el transporte mantendremos la carga alejada del cuerpo, evitando movimientos bruscos.

I Para depositar la carga, flexionaremos las rodillas y descenderemos suavemente manteniendo la espalda recta.

_____

_____

_____

_____

_____

_____

_____

4. El documento que recoge la serie establecida de procedimientos sistemáticos y prácticas diseñadas para garantizar la salud y la seguridad de los trabajadores en situaciones específicas, como puede ser el uso de herramientas, se denomina:

    a. Documento de evaluación de riesgos

    b. Ficha de datos de seguridad

    c. Protocolo de seguridad

    d. Plan de prevención de riesgos

5. Enumere los riesgos asociados a fugas en los trabajos de conexión a la instalación de gases combustibles:

_____

_____

6. Indique cuál es la altura a partir de la cual se consideran trabajos con riesgo de caída de altura:

    a. 5 m

    b. 4 m

    c. 3 m

    d. 2 m

7. Complete la siguiente oración.

Antes de utilizar una sierra de sable eléctrica, es fundamental comprobar que la _____ se encuentra en bien sujeta y afilada y que es adecuada al _____ a cortar. Es importante sujetar firmemente la herramienta y mantener las manos alejadas de la hoja mientras en equipo esté en _____. No se debe cambiar la hoja sin haber _____ la herramienta de la red eléctrica. Al finalizar, se debe _____ la herramienta y guardarla en un lugar adecuado.

8. ¿Cuál de los siguientes riesgos no es común en los trabajos de curvado?

    a. Atrapamiento y aplastamiento
    b. Golpes
    c. Exposición a radiación infrarroja y ultravioleta
    d. Lesiones musculoesqueléticas

9. ¿Qué tipo de peligrosidad tendrá un producto que incluye en su etiquetado los pictogramas siguientes?

_____
_____

10. En relación a los trabajos de soldadura, indique si las siguientes afirmaciones son verdaderas o falsas:

    a. La exposición a la radiación ultravioleta generada puede causar lesiones oculares.

      ☐ Verdadero
      ☐ Falso

b. El uso de guantes de protección mecánica y térmica protegerá frente a cortes y quemaduras.

☐ Verdadero
☐ Falso

c. Las botellas de gases deben almacenarse tumbadas y lo más cerca posible del área de trabajo.

☐ Verdadero
☐ Falso

d. Si hay que realizar trabajos en presencia de materiales combustibles e inflamables, será suficiente con prestar atención y trabajar con cuidado de que no caigan chispas sobre ellos.

☐ Verdadero
☐ Falso

Capítulo 3
Sensibilización medioambiental

Contenido

1. Introducción

En un mundo cada vez más interconectado y dependiente de los recursos naturales, se hace necesaria la puesta en marcha de medidas para enfrentar los desafíos ambientales actuales. Este es el camino a seguir para un desarrollo sostenible que asegurará que las generaciones futuras hereden un planeta habitable. En este contexto, la sensibilización medioambiental es un factor fundamental para conseguir la implicación de la ciudadanía y lograr un cambio cultural profundo y transformador.

A través de la revisión de conceptos clave se conseguirá ampliar la perspectiva, comprender que cada actividad tiene un impacto sobre el medioambiente y que se pueden llevar a cabo acciones para reducirlo. En el contexto de la instalación de aparatos y tuberías, la sensibilización medioambiental permitirá a los trabajadores tomar decisiones informadas y desarrollar buenas prácticas ambientales en sus tareas cotidianas.

2. Definición de medioambiente, entorno, ecología, desarrollo sostenible, educación ambiental

Para lograr una verdadera sensibilización medioambiental, se debe, en primer lugar, definir de manera clara y precisa los conceptos básicos relacionados con dicha materia, ya que los mismos aportarán una base sobre la cual construir una conciencia orientada al cuidado del planeta.

Medioambiente

El medioambiente es el espacio en el que se desarrolla la vida de los seres vivos, y abarca tanto los elementos naturales como los que han sido creados por el ser humano. Se podría distinguir así un **medioambiente natural,** que incluye el aire, el agua, el suelo, los recursos naturales, los organismos vivos, y un **medioambiente urbano,** que incluye infraestructuras, edificios, redes de transporte, actividades económicas, así como factores sociales y culturales. Entre todos estos componentes existen relaciones complejas, por lo que el medioambiente puede considerarse como un entramado dinámico de elementos que se influyen mutuamente, configurando el contexto en el que tienen lugar las actividades humanas.

Según lo anterior, se puede decir que cualquier actividad humana va a tener un efecto sobre el medioambiente, que puede ser positivo o negativo, denominado **impacto ambiental.** El impacto generado sobre el medioambiente puede manifestarse a distintos niveles y afectar a diversos aspectos, como el aire, el agua, el suelo, la biodiversidad y los ecosistemas en general. En cuanto a su magnitud, esta dependerá del tipo de actividad, su duración, intensidad y la capacidad del entorno para recuperarse.

Identificar y evaluar los impactos generados por la actividad humana permitirá definir prácticas sostenibles para minimizar los daños sobre el medioambiente y favorecer un equilibrio entre el desarrollo humano y la conservación del medio natural.

Entorno

Cuando se habla de entorno en el contexto del medioambiente, se hace referencia al conjunto de aspectos que rodean a los seres vivos y que influyen en su desarrollo y bienestar. Se puede diferenciar un componente natural y uno socioeconómico, como se describe a continuación:

- **Entorno natural:** es el que abarca los aspectos físicos y biológicos del medioambiente, como el agua, el suelo, la atmósfera y el clima, los ecosistemas y la biodiversidad. En él se albergan los recursos y se desarrollan los procesos naturales.
- **Entorno socioeconómico:** es el que engloba las actividades humanas, las estructuras sociales, los sistemas económicos, las instituciones y las costumbres de cada cultura.

Comprender el entorno en toda su complejidad, identificando las interacciones entre los componentes natural y sociocultural, es esencial para diseñar estrategias sostenibles que promuevan un equilibrio entre las necesidades humanas y la capacidad del planeta para regenerarse y sostener la vida en el largo plazo.

Ecología

La ecología es la ciencia que estudia las relaciones de los seres vivos entre sí y con el medioambiente. Esta disciplina aporta conocimientos valiosos para entender cómo se estructuran y funcionan los ecosistemas y para identificar las consecuencias de las actividades humanas sobre la biodiversidad. La ecología analiza las interacciones entre los organismos y su entorno, examinando cómo estas afectan al flujo de energía y a la circulación de nutrientes en los sistemas naturales.

 Nota

No hay que confundir la ecología con el ecologismo, ya que la ecología es una ciencia que estudia las relaciones entre los seres vivos y su entorno, mientras que el ecologismo es un movimiento social y político que tiene como fin promover la protección de la naturaleza mediante el activismo.

Desarrollo sostenible

El desarrollo sostenible se define como aquel que satisface las necesidades de la generación presente sin comprometer la capacidad de las futuras generaciones para satisfacer sus propias necesidades. Este concepto, popularizado por el Informe Brundtland de 1987, establece un marco para abordar las dimensiones económicas, sociales y ambientales del desarrollo.

Como herramienta para la consecución de dicho desarrollo sostenible, en 2015 la ONU adoptó una agenda global mediante el establecimiento de 17 **Objetivos de Desarrollo Sostenible (ODS),** que tienen como fin erradicar la pobreza, proteger el planeta y garantizar la paz y prosperidad para todas las personas con un horizonte temporal fijado en el año 2030. Cada uno de los ODS se desglosa, a su vez, en una serie de metas, las cuales tienen asociados unos indicadores que permiten evaluar su grado de consecución.

 **Actividades**

1. Consulte en el siguiente enlace los 17 Objetivos de Desarrollo Sostenible e indique cuáles de ellos están directamente relacionados con el medioambiente.

https://redirectoronline.com/uf04100301

Educación ambiental

La educación ambiental es un proceso continuo que tiene como objetivo despertar en las personas la conciencia y la comprensión sobre las cuestiones ambientales y motivar conductas responsables hacia el medioambiente. Comprende la enseñanza, el aprendizaje y la incorporación de valores y conocimientos que fomenten la protección y la mejora del entorno, promoviendo una ciudadanía activa y participativa.

La aplicación de la educación ambiental en el ámbito laboral consistirá, entonces, en formar y sensibilizar a la plantilla con el objetivo de fomentar una cultura organizacional sostenible, promoviendo buenas prácticas medioambientales que reduzcan el consumo de recursos, minimicen la generación de residuos, optimicen la eficiencia energética, etc.

La sensibilización se consigue, por un lado, mediante la toma de conciencia de la problemática ambiental y, por otro, conociendo beneficios que generan a gran escala la implantación de medidas de sostenibilidad. Entre estos beneficios destacan los siguientes:

- **Mejora de la salud y la calidad de vida:** la reducción en la generación de sustancias contaminantes mejorará la calidad del aire, el agua y el suelo, lo que tendrá un impacto positivo sobre la salud de las personas y en su calidad de vida.
- **Conservación de la biodiversidad y los recursos naturales:** la protección del medioambiente ayudará a conservar los recursos naturales y las especies, manteniendo el equilibrio de los ecosistemas.
- **Mitigación de los efectos del cambio climático:** la reducción del consumo de energía y de la generación de gases de efecto invernadero ayudará a mitigar los efectos del cambio climático, como son el aumento de la temperatura global y los fenómenos meteorológicos extremos.

Según la Organización Mundial de la Salud (OMS), 7 millones de muertes anuales están relacionadas con la exposición a la contaminación del aire.

3. Buenas prácticas medioambientales

En el contexto de la instalación de aparatos y tuberías resulta fundamental integrar medidas que minimicen el impacto negativo de la actividad sobre el medioambiente. Para ello, habrá que implementar buenas prácticas medioambientales, consistentes en el empleo de tecnologías y métodos que reduzcan el consumo de energía, fomenten el uso responsable de los recursos naturales, minimicen la generación de residuos, promuevan el reciclaje, etc.

Hay que tener en cuenta que estas prácticas no solo servirán para mejorar el desempeño ambiental, sino que generarán beneficios económicos a largo plazo, mejorarán la imagen de la organización y permitirán cumplir con la legislación medioambiental.

A continuación, se describen una serie de buenas prácticas medioambientales para cada uno de los aspectos significativos de la actividad.

3.1. Uso eficiente de los recursos

En la actividad de instalación de tuberías y aparatos, se consumen principalmente materiales de construcción (metal, plástico, adhesivos, pinturas…) y energía, aunque también se consumirá una cierta cantidad de agua en la puesta en funcionamiento y pruebas de estanqueidad. El uso eficiente de estos recursos no solo contribuirá a reducir el impacto ambiental de la actividad, sino que también generará un beneficio económico para las empresas.

Uso eficiente de materiales de construcción

En los trabajos de instalación de tuberías y aparatos se pueden llevar a cabo una serie de buenas prácticas ambientales en relación al consumo de materiales de construcción, como las que se describen a continuación:

■ **Medición y planificación:** el cálculo detallado de la longitud de tubería necesaria antes de cortar evitará descartes de material por errores en el corte y sobrantes no reutilizables.

- **Uso de herramientas adecuadas:** el uso de herramientas adecuadas permitirá realizar cortes precisos, reduciendo la cantidad de material desperdiciado.
- **Uso de materiales de calidad:** el empleo de materiales de calidad aumentará la durabilidad de los mismos, evitando reemplazos o reparaciones frecuentes, lo cual reducirá el consumo de materias primas a largo plazo.
- **Uso de materiales sostenibles:** el uso de tuberías y accesorios fabricados a partir de materiales reciclados o reciclables permitirá reducir el consumo de recursos naturales, dando una segunda vida a los residuos.
- **Adecuado almacenamiento, transporte y manipulación:** unas condiciones adecuadas durante el almacenamiento, transporte y manipulación de materiales reducirán la cantidad de desperdicio generado por daños y deterioro de los mismos.
- **Reutilización de sobrantes:** la reutilización de materiales sobrantes en los proyectos siguientes o en reparaciones favorecerá la reducción de los residuos generados y del consumo de nuevas materias primas.

El deterioro de materiales por unas malas condiciones de almacenamiento puede dar lugar a su desaprovechamiento, generando a su vez un residuo.

Actividades

2. A través de una búsqueda en internet, indique los principales impactos ambientales
generados por la minería de extracción de cobre para la fabricación de tuberías.

Uso eficiente de energía

En los trabajos de instalación de tuberías y aparatos se pueden llevar a cabo
una serie de buenas prácticas ambientales en relación al consumo de energía,
como las que se describen a continuación:

- **Uso de maquinaria y herramientas de bajo consumo:** siempre que sea
  posible, se hará uso de equipos de bajo consumo. Aunque estos productos no están sujetos a etiquetado energético, hay algunos fabricantes
  que informan en sus especificaciones técnicas sobre el nivel de consumo o la incorporación de tecnología para el ahorro de energía.
- **Implementación de protocolos de ahorro de energía:** estos pueden ir
  dirigidos a optimizar procesos, aplicar mantenimientos preventivos o fomentar buenas prácticas, como el apagado de equipos que no estén en
  uso.
- **Uso de fuentes de energía renovable:** siempre que sea posible, se llevará
  a cabo un aprovechamiento de energía renovable, por empleo mediante
  el uso de paneles solares para alimentar pequeñas herramientas o cargar
  baterías.
- **Diseño de la instalación:** en el diseño de instalaciones se puede optar
  por la elección de equipos de bajo consumo (termos y calderas con clasificación energética A o superior). Esta medida favorecerá la reducción
  en el consumo de energía durante toda la vida útil de la instalación.

Uso eficiente de agua

En las operaciones de instalación de tuberías y aparatos, el consumo de agua
no va a ser muy significativo, y el agua se empleará básicamente en operaciones

de limpieza y pruebas de fugas. En estos casos, la práctica ambiental irá destinada a consumir únicamente las cantidades necesarias evitando el desperdicio de la misma.

En la fase de diseño de la instalación se pueden aplicar medidas de ahorro, que favorecerán la reducción en el consumo de agua durante toda la vida útil de la instalación. Se puede optar por soluciones sostenibles, como las que se detallan a continuación:

- **Grifos y duchas de bajo consumo:** estos dispositivos limitan la cantidad de agua utilizada, contribuyendo significativamente al ahorro durante el tiempo de vida útil de la instalación.
- **Inodoros de doble descarga o de interrupción de descarga:** permiten ajustar la cantidad de agua descargada según las necesidades.
- **Sistemas de recogida de aguas pluviales:** permiten recuperar el agua de lluvia para su reutilización en el riego de jardines o para otros usos no potables.
- **Sistemas de reutilización de aguas grises:** mediante la canalización del agua procedente de lavabos, duchas o lavadoras y su conducción a tanques para su reutilización en usos no potables, como el riego.

3.2. Gestión de residuos

En la actividad de instalación de tuberías y aparatos se van a generar residuos de diversa naturaleza, como materiales inertes (escombros), restos metálicos, envases vacíos, etc., los cuales deberán gestionarse adecuadamente, evitando en cualquier caso su vertido incontrolado en el medio natural.

En este sentido, la **Ley 7/2022, de 8 de abril, de residuos y suelos contaminados para una economía circular,** en su artículo 7 establece las obligaciones generales en la producción y gestión de residuos, indicando explícitamente lo siguiente: "Queda prohibido el abandono, el vertido y la eliminación incontrolada de residuos". En el caso de residuos peligrosos, dicha práctica se considera una infracción muy grave, que puede conllevar multas de 100.001 hasta 3.500.000 euros.

Los principios a seguir en la generación y gestión de residuos son la minimización, la separación en origen y la entrega a gestores autorizados, cuestiones que se desarrollarán a continuación.

Minimización

Este concepto hace referencia a generar la menor cantidad posible de residuos, atendiendo a un principio de prevención. Las prácticas que van a ayudar a minimizar la generación de residuos son las mismas que las dirigidas al uso eficiente de los materiales. Como se ha descrito anteriormente, estas prácticas consistirán en la medición y planificación, el uso de herramientas y materiales adecuados, el adecuado almacenamiento, transporte y manipulación y la reutilización de sobrantes.

Separación en origen

Para asegurar la correcta gestión de los residuos, es necesario llevar a cabo una separación de los mismos en el lugar de generación. En la implantación de dicha recogida selectiva habrá que llevar a cabo las siguientes tareas:

- **Clasificación de residuos según tipología:** antes de comenzar los trabajos, será necesario identificar los tipos de residuos que se prevé generar, que principalmente serán los que se enumeran a continuación:

  - Metales: cobre, acero, latón, acero inoxidable
  - Plásticos: PVC, polietileno, polipropileno
  - Residuos inertes: también conocidos como escombros, estarán constituidos por restos de cemento, hormigón, ladrillo, azulejos, mortero, etc.
  - Residuos peligrosos: restos de pinturas, aceites, adhesivos, siliconas, envases vacíos, etc.
  - Envases vacíos: cajas de cartón, plástico, porexpan, etc.
  - Aparatos eléctricos y electrónicos: termostatos, bombas, válvulas eléctricas o aparatos de climatización fuera de uso

- **Provisión de medios para la recogida diferenciada:** se debe disponer en la zona de trabajo de los medios para la recogida segregada de residuos; pueden ser contenedores, bidones, sacos, cubas, etc. Los recipientes deben estar ubicados en una zona señalizada y accesible para los trabajadores.

■ **Información al personal:** los trabajadores deben disponer de la información adecuada sobre los residuos a separar y el lugar de depósito para cada tipo de residuo, así como los aspectos de seguridad que se consideren según los casos.

 Sabía que...

En el artículo 2 de la Ley 7/2022, de 8 de abril, de residuos y suelos contaminados para una economía circular, se define residuo peligroso como:

"Aquel residuo que presenta una o varias de las características peligrosas enumeradas en el anexo I. Se considerarán residuos peligrosos los envases que hayan contenido productos peligrosos".

La mezcla de residuos de distinta tipología es una práctica inadecuada, ya que dificulta la gestión y el aprovechamiento de los recursos contenidos en los mismos.

Entrega a gestores autorizados

Los residuos generados en los trabajos deben ser gestionados adecuadamente, evitando en cualquier caso su vertido incontrolado en el medio natural. Siempre que sea posible, la opción de gestión seleccionada deberá dar prioridad a la de reciclaje.

En caso de los residuos peligrosos (como restos de aceites, pinturas, siliconas, envases vacíos, etc.) se deben seguir protocolos específicos de etiquetado, almacenamiento temporal (máximo 6 meses) y retirada por gestor autorizado.

El abandono de residuos en espacios naturales está totalmente prohibido y conlleva la imposición de importantes sanciones económicas para aquellas personas o empresas que lo lleven a cabo.

 **Nota**

La retirada de materiales con amianto, como pueden ser las tuberías de fibrocemento, debe ser realizada por una empresa autorizada y especializada en la gestión y eliminación de este material, según lo establecido en el Real Decreto 396/2006, que regula la protección de los trabajadores contra los riesgos relacionados con la exposición al amianto.

Aplicación práctica

Laura está realizando unos trabajos de sustitución de un inodoro en un domicilio. Durante el transporte al domicilio del cliente, el sanitario nuevo vuelca y se rompe, por lo que tiene que volver al almacén a buscar otro. Para no perder más tiempo, realiza una parada por el camino y deja el sanitario roto entre unos escombros junto a un área recreativa.

Como no tenía previsto este inconveniente y no puede aumentar el presupuesto disponible para los trabajos, decide comprar un nuevo inodoro muy barato, de baja calidad y con un sistema antiguo con un único pulsador de descarga simple.

Identifique las malas prácticas ambientales llevadas a cabo y realice una propuesta de mejora para cada una de ellas.

SOLUCIÓN

■ Las condiciones inadecuadas de transporte han dado lugar a la rotura y desaprovechamiento del aparato sanitario, que ha quedado inservible sin ni siquiera haber llegado a ser utilizado. Como mejora se podría haber empleado algún sistema de sujeción del aparato para evitar su vuelco y rotura.

■ Se ha realizado el vertido incontrolado de un residuo en el medio natural, lo cual es una práctica prohibida. El residuo debería haberse entregado a gestores autorizados de residuos inertes de construcción o escombros.

■ El nuevo aparato adquirido, al ser de baja calidad, tendrá probablemente una menor durabilidad, y será necesario su reemplazo o reparación en un breve periodo de tiempo. Además, al ser un modelo antiguo no dispone de un pulsador de doble descarga o un sistema de interrupción de descarga, con lo cual consumirá más agua de la necesaria durante su tiempo de vida útil. Se debería haber adquirido un sanitario de calidad, durable en el tiempo y dotado de un pulsador que permita descargar la cantidad necesaria de agua según el caso.

4. Resumen

La sensibilización medioambiental es un paso crucial en un enfoque hacia un mundo más sostenible y seguro, por lo que, en este capítulo, se han explorado conceptos esenciales para entender cómo las acciones cotidianas del ser humano impactan directa e indirectamente en el entorno.

Dentro de este capítulo, el concepto de medioambiente se desglosa para ofrecer una perspectiva holística de los elementos que lo componen y cómo estos interactúan. Reconocer que el medioambiente incluye no solo los elementos naturales, como la flora y fauna, sino también el entorno construido y las influencias humanas que proporciona una base para entender las dinámicas entre el ser humano y su hábitat. Al expandir el enfoque hacia el entorno y la ecología, se ve que cada componente del planeta está interrelacionado y cualquier alteración puede tener consecuencias significativas y duraderas.

El desarrollo sostenible aparece en este contexto como un pilar fundamental; es la práctica que busca equilibrar las necesidades actuales sin comprometer las futuras generaciones. Este principio recuerda que la protección y preservación medioambiental no son opciones, sino responsabilidades colectivas que requieren la atención constante y acción decidida. La educación ambiental, en este marco, se convierte en la herramienta que permite informar, sensibilizar y capacitar a las personas para que adopten mejores prácticas en sus vidas cotidianas y profesionales.

A través de la implantación de buenas prácticas medioambientales en el ámbito específico de la instalación de aparatos y tuberías, se busca fomentar hábitos que reduzcan el impacto negativo del comportamiento en el medioambiente, optimizando el uso de recursos y promoviendo la reutilización y el reciclaje. Este enfoque práctico no solo aporta beneficios al entorno, sino que también abre puertas a innovaciones en el manejo eficiente de recursos, conduciendo a un ambiente laboral más seguro y menos expuesto a riesgos.

Ejercicios de repaso y autoevaluación

1. Relacione cada término con su definición:

    a. Medioambiente
    b. Ecología
    c. Desarrollo sostenible
    d. Educación ambiental
    e. Entorno

    __ Ciencia que estudia las relaciones de los seres vivos entre sí y con el medioambiente.
    __ Espacio en el que se desarrolla la vida de los seres vivos, abarcando tanto los elementos naturales como los que han sido creados por el ser humano.
    __ Proceso de enseñanza que tiene como objetivo despertar en las personas la conciencia y la comprensión sobre las cuestiones ambientales y motivar conductas responsables hacia el medioambiente.
    __ Conjunto de aspectos que rodean a los seres vivos y que influyen en su desarrollo y bienestar.
    __ Capacidad de satisfacer las necesidades de la generación presente sin comprometer la capacidad de las futuras generaciones para satisfacer sus propias necesidades.

2. Enumere los principales beneficios a escala global derivados de la implantación de buenas prácticas medioambientales:

    _____
    _____
    _____
    _____

3. Indique qué buena práctica se puede implantar en la fase de diseño en relación con el consumo de energía:

    _____
    _____
    _____
    _____

4. Indique con qué aspecto de la gestión de residuos está relacionada cada actuación:

    a. Se lleva a cabo una medición y planificación previa al corte de las piezas para evitar la generación de sobrantes no reutilizables.
    b. Se contrata a una empresa autorizada para la retirada de los residuos generados en los trabajos.
    c. Se habilita una zona con diversos recipientes, como contenedores, cubas y sacos, para depositar en cada uno de ellos un tipo de residuo.

    __ Separación en origen
    __ Minimización
    __ Entrega a gestores autorizados

5. En unos trabajos de instalación se generan los siguientes residuos: sobrantes de tubería de cobre, restos de azulejos, grifería de acero inoxidable, envases vacíos de silicona y envases vacíos de adhesivo.

    ¿Cómo los clasificaría? ¿Hay alguno que tenga alguna consideración especial?

    _____
    _____
    _____
    _____
    _____
    _____
    _____

6. ¿Qué dos componentes constituyen el entorno desde el punto de vista del medioambiente?

    a. Físico y biológico
    b. Natural y socioeconómico
    c. Laboral y personal
    d. Interno y externo

7. Complete la siguiente oración:

Como herramienta para la consecución del desarrollo sostenible, la _____ adoptó en 2015 una agenda global mediante el establecimiento de _____ Objetivos de Desarrollo Sostenible (ODS), que tienen como fin erradicar la _____, _____ el planeta y garantizar la paz y prosperidad para todas las personas con un horizonte temporal fijado en el año _____.

8. ¿Cuál de las siguientes acciones no representa una buena práctica medioambiental al instalar tuberías?

a. Emplear herramientas con certificación energética.
b. Seleccionar materiales duraderos y reciclables.
c. Incorporar en el diseño de la instalación sistemas de recogida de aguas pluviales.
d. Mezclar los residuos generados para facilitar su transporte y gestión.

9. Indique si las siguientes afirmaciones son verdaderas o falsas:

a. Las instalaciones de fontanería deben realizarse utilizando los materiales más baratos, sin tener en cuenta su calidad y durabilidad, ya que esto contribuirá a reducir el consumo de materias primas.

☐ Verdadero
☐ Falso

b. La elección de sistemas de bajo consumo en duchas y grifos es una buena práctica ambiental durante la fase de diseño de la instalación.

☐ Verdadero
☐ Falso

c. La retirada de residuos que contengan amianto deberá realizarse únicamente por empresas autorizadas.

☐ Verdadero
☐ Falso

d. La ciencia que estudia las relaciones de los seres vivos entre sí y con el medioambiente es el ecologismo.

☐ Verdadero
☐ Falso

10. ¿Por qué es importante aplicar buenas prácticas medioambientales en la actividad de instalación de tuberías y aparatos de acondicionamiento térmico?

_____
_____
_____
_____
_____
_____
_____

Bibliografía

Legislación

- Ley 7/2022, de 8 de abril, de residuos y suelos contaminados para una economía circular.

- Ley 31/1995, de 8 de noviembre, de Prevención de Riesgos Laborales.

- Real Decreto 1027/2007, de 20 de julio, por el que se aprueba el Reglamento de Instalaciones Térmicas en los Edificios.

- Real Decreto 314/2006, de 17 de marzo, por el que se aprueba el Código Técnico de la Edificación.

Textos electrónicos, bases de datos y programas informáticos

- Instituto Nacional de Seguridad y Salud en el Trabajo, de: <https://www.inmujeres.gob.es/>.

- Inspección de Trabajo y Seguridad Social, de: <https://www.mites.gob.es/itss/web/index.html>.

- Instituto Nacional de Estadística, de: <https://www.ine.es/dyngs/ODS/es/index.htm>.

- Organización Mundial de la Salud, de: <https://www.who.int/es>.